"十四五"职业教育国家规划教材

物 流 客 户 服 务

（第3版）

袁 旦 主编

电子工业出版社

Publishing House of Electronics Industry

北京·BEIJING

内 容 简 介

本书通过6个项目下的19个任务,比较全面地介绍了物流客户服务概述、物流客户中心业务处理、物流客户投诉处理、物流客户关系维护、物流客户服务技巧及物流客户质量管理方面的内容。

本书可作为职业院校物流管理专业及相关专业的教学用书,也可作为现代物流从业人员的参考资料和培训用书。

本书还配有电子教学参考资料包(包括电子教案、教学指南及习题答案),详见前言。

图书在版编目(CIP)数据

物流客户服务 / 袁旦主编 . —3 版 . —北京:电子工业出版社,2022.1
ISBN 978-7-121-42732-9

Ⅰ. ①物… Ⅱ. ①袁… Ⅲ. ①物流企业-客户-销售服务-中等专业学校-教材 Ⅳ. ①F253

中国版本图书馆 CIP 数据核字(2022)第 014836 号

责任编辑:徐 玲 文字编辑:靳 平
印 刷:三河市双峰印刷装订有限公司
装 订:三河市双峰印刷装订有限公司
出版发行:电子工业出版社
　　　　　北京市海淀区万寿路 173 信箱 邮编:100036
开 本:880×1230 1/16 印张:10.5 字数:269 千字
版 次:2011 年 4 月第 1 版
　　　　2022 年 1 月第 3 版
印 次:2024 年 12 月第 8 次印刷
定 价:35.00 元

随着经济发展和科技进步的加快，物流在经济发展中的重要作用日益受到重视。在我国，物流是经济的血管。伴随着经济的转型，特别是互联网及电商行业的迅猛发展，企业间的竞争已淡化了地域的限制。智慧物流、互联共享成为当下物流业发展的热门话题。物流业的竞争日趋激烈，但其竞争的实质将是物流服务的竞争。企业对物流客户服务重要性的认识越来越深刻。物流服务水平已成为衡量物流企业获得竞争优势的重要指标。

"物流客户服务"课程是物流管理专业的核心课程之一，是针对物流发展过程中企业最关注的物流客户服务工作岗位设置的课程。本书在编写时，运用了项目导向、任务驱动的方法，贯彻了以能力为本位、基于工作过程的教学理念；融工作过程于课程内容之中，由简至繁循序渐进，精选了"够用的理论"，强化职业技能操作方面的内容，介绍了物流客户服务概述、物流客户中心业务处理、物流客户投诉处理、物流客户关系维护、物流客户服务技巧及物流客户质量管理6个项目。其中，每个项目分若干任务具体实施，每个任务按照"任务情境、任务要求、知识准备、任务实施、知识巩固、拓展提升"的任务驱动式结构进行编写，以方便教师灵活地安排"一体化"教学，以及学生和自学者有针对性地选学相关内容。

通过本书的学习，可使学生在知识和能力方面达到：了解物流客户服务的相关概念、内容；熟悉物流客户中心来访接待流程，物流客户服务质量标准、绩效评价及满意度评价；掌握物流客户投诉处理、物流客户关系维护及物流客户服务技巧等应用。本书可作为职业院校物流管理专业及相关专业的教学用书，也可作为现代物流从业人员的参考资料和培训用书。

本书凝结了参与编写的五位老师的心血。他们分别是李白艳、乔洪波、顾旻、袁旦和沈雪玲。全书由袁旦担任主编，乔洪波进行审稿。全体编者借此向对本书的编写给予热心支持与关心的同人表示衷心的感谢。

为了方便教师教学，本书还配有电子教案、教学指南及习题答案（电子版），请有此需要的教师登录华信教育资源网下载或与电子工业出版社联系，我们将免费提供（E-mail：hxedu@phei.com.cn）。

在本书编写过程中，我们参考了国内外大量的文献资料，引用了一些专家学者的研究成果。在此，我们对这些文献的作者表示诚挚的谢意。由于本书涉及的内容较为广泛，一些理论和实际操作还正在探索之中，加上编写时间紧迫及作者水平有限，所以本书在叙述中难免存在一些不足之处。我们衷心希望读者对本书予以批评、指正，以利于我们水平的提高并共同促进现代物流业的发展。

编　者

目 录

项目一

物流客户服务概述

项目目标

❖ 了解客户服务的基本知识；

❖ 树立客户服务理念；

❖ 掌握物流客户服务的含义及内容；

❖ 了解客户服务工作在企业运营中的重要性。

任务一　认识客户与客户服务

📖 任务情境

7M物流公司的客户服务人员流失现象较为严重。这是因为7M物流公司的很多客户服务人员没有树立正确的客户服务理念，而该企业对其客户的定义也不够全面，没有认识到自身员工也是企业的客户之一。因此，7M物流公司要重新对物流客户关系管理进行规划与培训，而首要的任务是让领导层和所有员工正确认识客户与客户服务。

🎯 任务要求

请通过学习任务一，完成以下任务。

（1）将班级分成若干小组，并以小组为单位，结合网络信息资源，针对该任务情境，尝试讨论、分析什么是客户及客户服务。

（2）了解客户的定义及类型。

（3）掌握客户服务的定义及理念。

（4）各小组进行角色扮演，并进行小组自评、小组互评、教师点评。

☢ 知识准备

一、客户的定义及类型

（一）客户的定义

> 客户有不同的类型，并且不是所有的顾客都能转化成客户，那么到底应该如何认识客户呢？

根据字典的解释，客户就是厂商或经纪人对往来主顾的称呼。现代商业解释，客户是指通过购买你的产品或服务满足其某种需求的群体，也就是指跟个人或企业有直接的经济关系的个人或企业。从更广泛的意义上来看，我们的客户包括以下几类（见图1-1）。

1.消费客户

消费客户是指购买最终产品或服务的零散客户，通常是个人或家庭。

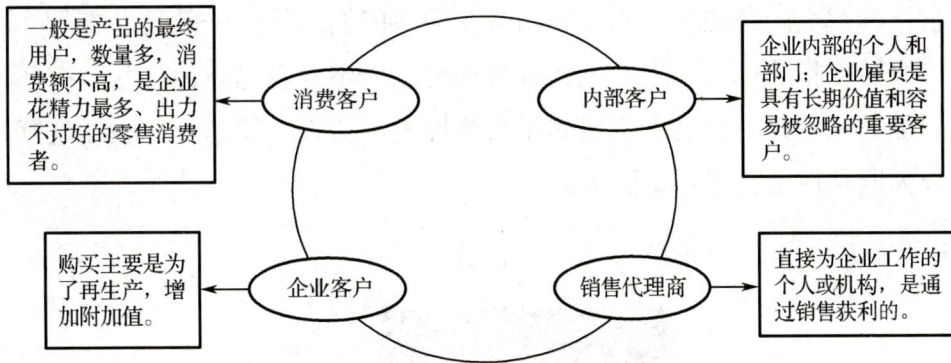

一般是产品的最终用户，数量多，消费额不高，是企业花精力最多、出力不讨好的零售消费者。

企业内部的个人和部门；企业雇员是具有长期价值和容易被忽略的重要客户。

购买主要是为了再生产，增加附加值。

直接为企业工作的个人或机构，是通过销售获利的。

图 1-1　客户的内涵

2. 企业客户

企业客户是指购买你的产品（或服务），并在企业内部将你的产品附加到自己的产品上，再销售给其他客户或企业，以获取利润或服务的客户。

3. 销售代理商

销售代理商是指不直接为你工作的个人机构，通常无须你支付工资。此类客户购买你的产品用于销售，或者作为该产品在该地区的销售代表、代理处。

4. 内部客户

内部客户是指企业（或相关企业）内部的个人和部门，需要利用企业的产品或服务来达到其商业目的。这类客户往往最容易被忽略，而随着时间的流逝，他们也是最能赢利（潜在）的客户。因为存在着内外部客户的互动循环（见图 1-2），所以内部客户的满意程度直接决定了外部客户的满意程度。

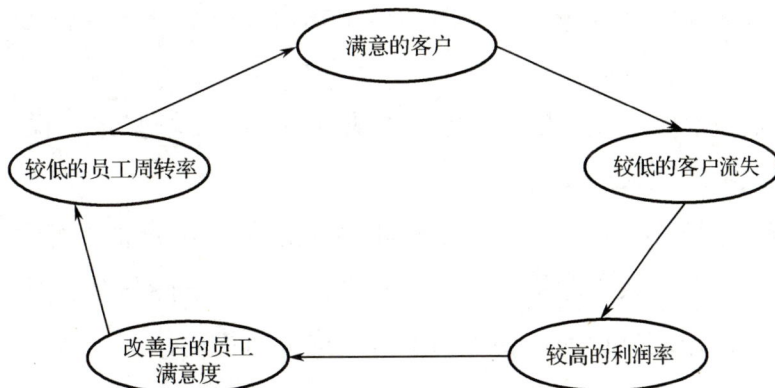

图 1-2　内外部客户的互动循环

（二）客户的类型及应对技巧

我们选用两个维度将客户分为四个类型。一是情感度，例如，有些人被称为"自来熟"，看上去非常亲切，很容易亲近，而有些人即便相识很久，也总让人觉得很难接近，这就是情感度高低的不同。二是表达度，是指一个人表达欲望的强烈程度，例如，有些客户喜欢滔滔不绝地讲述自己的观点，有些客户则总是用几个简单的词回答——随便、都行、可以等。需要注意的是，表达度指的是一个人的表达欲望如何，而不是表达能力如何。有些人表达欲望很强，但表达能力很差，这样的人仍然属于表达度较高的人。情感度和表达度互相交叉，可以将客户划分为四种性格类型（见图1-3）。

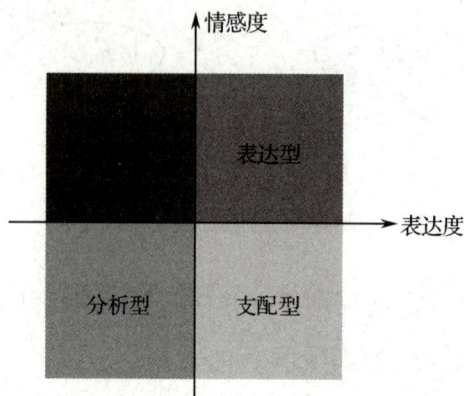

图1-3　客户的四种类型

1. 支配型

（1）性格特点。

① 以自我为中心，非常强势。支配型客户的性格特点是以自我为中心，表现得非常强势，如在KTV唱歌时的"麦霸"。

② 习惯于掌控局面，支配他人。支配型客户习惯于掌控局面，将自己当作主体，他们喜欢说"你跟我说一下，你们的售后服务都有什么""如果你们做不好，我就会怎么样"之类的话。一旦服务中出现问题，支配型客户会将解决方案准备好，要求服务人员按照自己的想法去办。如果服务人员说"对不起，这个我们办不了"，他们就会说"没有办不了的事儿"。

③ 情感度较低，说一不二。支配型客户的观点清楚，立场坚定，说一不二，现实需求比情感需求高，不太考虑别人的感受。

（2）应对方法。支配型客户承受压力的能力比较强，决定的事情别人很难改变。因此，面对支配型客户，服务人员应该采取迎合的方式，不要试图与其争辩，要让他们尽情地说，自己做好听众，很好地执行他们要求的事情。这种用行动让客户感受到尊贵感的方法对支配型的人很有效。

2. 表达型

（1）性格特点。同样是KTV里的"麦霸"，有一种人在唱歌时会关注其他人，招呼其他人一起唱，让大家都玩得很开心；有一种客户，在服务人员为其服务时总是说"好，你做得很好"，当服务人员为其介绍新业务时总是说"这挺好，真不错，什么时候推出啊"；在企业中也有这样的员工，他们像开心果一样，能让领导喜欢，让同事开心，总是说"没问题，包在我身上，这事我肯定能办得了"，这就是表达型的人。

表达型性格属于讨好型人格，表达型的人喜欢取悦于人，其情感度很高，感觉非常敏锐，能够很好地把握身边人的情感需求，从而让人觉得他很好。但是，在面试的时候一定要警惕表达型的人，因为他们总是说的比做的多，很多时候他们说"这事儿让我做吧"，但实际上却做不到。

（2）应对方法。面对表达型客户，服务人员要做到以下三点：第一，要多倾听客户的想法；第二，由于表达型的人喜欢聊天，服务人员就要丰富自己的知识，提高自身素养，具备与客户对话的能力；第三，由于表达型客户说话比较夸张，在迎合、影响、掌控这三种服务状态中，服务人员要做到掌控，先将事情缓一缓，然后确认对方的需求。例如，如果表达型客户在投诉时情绪非常激动，服务人员可以先把这件事放一放，等客户冷静下来，很可能他的抱怨就没有了。

3. 和蔼型

（1）性格特点。在和蔼型客户的心目中，人与人之间的情感比任何事情都重要，他们一般不会提过分的要求，非常注意他人的感受。例如，他们通常会在钱包、电脑和办公桌上放置家人的照片，想得最多的是"人家会不会不高兴"。

（2）应对方法。面对和蔼型客户时，服务人员要注意：第一，对服务营销人员而言，工作的目的是在服务中让客户产生购买，而和蔼型客户很可能会耽误服务人员的时间，因为他们很难说"不"，总是在说"我再等等""我再看看""我再考虑一下"，事实上他们已经决定不买了，只是碍于面子不好直接拒绝而已；第二，服务人员很难知道和蔼型客户内心的真实想法，因为他们总是说"随便吧""都行"，所以服务人员不要让他们做决定、做选择，而要直接给其一个建议。

4. 分析型

（1）性格特点。分析型的人情感度非常低。在人的两种人格中，如果说表达型的人属于讨好型人格，分析型的人则属于指责型人格；如果说和蔼型的人不会轻易说"不"，分析型的人则不会轻易说"是"。

（2）应对方法。分析型客户会问许多问题，而且都问得很有道理，所以服务人员在为其服务时，一定要非常专业才能应对自如。

讨论

假如你是客服（客户服务的简称）经理，请你分析一下你的同桌是属于哪种类型的客户，你该如何应对这种类型的客户？

二、客户服务

（一）客户服务的定义

在当前市场经济环境下，想要了解有关企业的经营情况时，"客户服务"或"服务"这类字眼就会时不时出现在你眼前，如客户服务中心、售后服务、自助服务、24小时服务等，这些服务都属于客户服务。关于客户服务的定义有很多，并随着市场的发展而不断变化。许多学者站在不同的角度对客户服务下了不同的定义，比较典型的客户服务定义有以下几个。

1960年，美国市场营销协会（AMA）最先给客户服务下了定义：客户服务是一种经济活动，是消费者从有偿的活动或从所购买的相关商品中得到的利益和满足感。

菲利普·科特勒指出：客户服务乃是一方能向另一方提供的，基本上属于无形的任何行为或绩效，并且不导致任何所有权的产生。客户服务的生产可能与物质产品相关，也可能不相关。

西奥多·莱维特认为：客户服务是指能够使客户更加了解核心产品或服务的潜在价值的各种行为和信息。客户服务是以客户为对象，以产品或服务为依托的行为；客户服务的目标是挖掘和开发客户的潜在价值；客户服务的方式可以是具体行为，也可以是信息支持或价值导向。

综上所述，客户服务是根据客户本人的喜好使其获得满足，而最终使客户感觉到自身受到重视，并把这种好感铭刻在心中，使之成为企业的重要客户。

（二）如何树立良好的客户服务理念

客户服务的成功实施与否，与企业能否抓住客户服务的关键点有重要关系，所以应树立良好的客户服务理念。

1. 具有热诚的服务态度的员工

由于在提供服务的过程中，员工的态度、服务方式都会直接影响到服务的质量，所以一定要慎选员工。而且，由于客户的需求越来越多，甚至有些时候还会提出一些不合理的要求，因此员工除了要有耐心和具有良好的沟通能力，还要有一颗热诚的心，才能愉悦地做好客户服务工作。

> 微笑露一点，脑筋活一点，嘴巴甜一点，说话轻一点，理由少一点，脾气小一点，动作快一点，度量大一点。

2. 进行全面的教育培训

服务人员的礼仪、态度，提供服务的作业流程、方式，以及相关的专业知识、服务技能等，均需要通过教育培训来培养。

3. 品质与时效并重

一般企业都比较注重客户服务的品质要求，如微笑服务、人性化服务，但客户一样关注服务的时效性，如准时地将快递送达、航班能准点起飞等。服务的时效性是客户很重视的需求，因此服务提供者一定要努力满足客户对时效性的需求。

4. 处处为客户考虑

客户服务会有许多不同的方式，而企业设立的客户服务方式要把客户需求作为重要的考核指标。以往很多企业经常从自己的角度去考虑客户服务方式，而忽略了客户的需求，这就要求企业应站在客户的角度，提供客户所需要的服务。

5. 服务流程的标准化与弹性

服务流程的标准化有助于服务质量的维持及员工教育培训。同时，在服务提供过程中也要保持一定的弹性，才能满足客户多样化的需求。

6. 做好绩效评估

由于员工的服务态度、服务方式及专业能力等会影响到服务质量，因此，员工及管理者的绩效评估就显得很重要。

任务实施

步骤一：小组分工，解读任务。

教师导入"任务情境"；进行班级学生分组，以4～6人为一组，每组选出组长；全体学生解读"任务要求"。

步骤二：小组合作，讨论、完成任务。

小组成员通过学习"知识准备"，运用现代化信息手段查询客户的定义、客户的类型、客户服务的含义和正确的客户服务理念。

步骤三：展示成果，共同交流分享。

各小组轮流展示讨论成果，其他小组进行观摩学习。结合任务，客户不仅包括消费客户、企业客户和销售代理商，还包括内部客户，且内部客户的满意程度直接决定了外部客户的满意程度。企业要以客户需求和满意为出发点来提供服务，并不断努力使其成为忠诚客户。

步骤四：总结评价，记录提升。

各小组先对展示成果进行自评，然后小组互评，最后教师点评，每人完成"认识客户与客户服务评价表"（见表1-1）。

表1-1　认识客户与客户服务评价表

被考评人						
考评内容	任务一　认识客户与客户服务					
考评标准	内容	分值	自我评价 20%	小组评价 30%	教师评价 50%	综合评价
	查阅资料的内容正确、完整	20				
	参与讨论的积极性	20				
	有团队合作精神	20				
	项目任务完成情况	40				
总分		100				
技能星级						

注：技能星级标准如下。

★：在教师的指导下，能部分完成某项实训作业或项目。

★★：在教师的指导下，能全部完成某项实训作业或项目。

★★★：能独立地完成某项实训作业或项目。

★★★★：能独立较好地完成某项实训作业或项目。

★★★★★：能独立并带动本组成员较好地完成某项实训作业或项目。

知识巩固

一、填空题

1. 客户是＿＿＿＿＿＿＿＿＿。

2. 客户一般包括＿＿＿、＿＿＿＿、＿＿＿和＿＿＿＿四种。

3. 从情感度和表达度两个维度来看，客户可以分为＿＿＿＿、＿＿＿＿、＿＿＿＿＿和＿＿＿四种类型。

4. 菲利普·科特勒认为客户服务是＿＿＿＿＿＿＿＿。

5. 客户服务是＿＿＿＿＿＿＿＿＿＿＿。

二、判断题

1. 客户服务指的是售后服务。　　　　　　　　　　　　　　　　　　（　　　）

2. 服务具有无形性，服务的本质是抽象和无形的，客户在体验的过程中才能感受到服务。　　　　　　　　　　　　　　　　　　　　　　　　　　　　　（　　　）

3. 为了追求客户满意度，可牺牲员工和企业的利益及企业的社会责任感。　（　　　）

4. 对于支配型的客户，服务人员应该采取迎合的方式。　　　　　　　（　　　）

5. 服务具有不可分性，在服务销售的过程中，有形产品可以集中生产而分散销售，无形的服务则需要由企业的员工有效地传递给客户。　　　　　　　　　　　（　　　）

6. 外部客户的满意程度直接决定了内部客户的满意程度。　　　　　　（　　　）

三、简答题

1. 内部员工的满意度对企业客户服务满意度有什么影响？

2. 从情感度和表达度来划分客户类型，针对不同类型的客户该如何应对？

3. 良好的客户服务的关键是什么？

4.情境设计：假如你是物流公司的客户服务部经理，现在企业员工主要因待遇问题而流失现象严重，那么你会如何说服企业总经理改善员工待遇，让总经理重视内部员工管理呢？

拓展提升

如何做好客户服务工作

如今的市场竞争日趋白热化，同行业之间除了在产品的质量和价格方面进行角逐，还越来越侧重于客户关系的管理。市场经济有一个真理——谁更关注客户，谁就会拥有更大的市场。

> 不同的客户具有不同的性格，客户服务怎么做才能使客户满意呢？

一、十项原则

我们应该认识到客户抱怨是一种正常的心理情绪。当客户认为他受到了不公正的待遇，就会产生抱怨情绪。抱怨并不可怕，可怕的是我们没有体察到这种抱怨，或者对抱怨反应迟缓，从而使客户抱怨的情绪蔓延下去，最终导致客户关系管理更加混乱，矛盾更加激化。客户服务的十项原则如下。

（1）诚实守信。对客户要以诚相待，这样才能更好地取信于客户。不能为了达到自己的目的而欺骗客户，使客户关系出现不和谐的音符。

（2）主次分明。在与客户的交流过程中，要注意交流和服务的重点，并且围绕这个主题开展工作，切忌胡侃乱扯，否则不仅达不到服务和交流的效果，而且浪费与客户交流时的宝贵时间。

（3）树立形象。个人的形象自己树立，企业的形象大家树立。要时刻注意个人和集体的形象，避免不良的习惯及不利于企业和个人的言行出现，为树立好服务的品牌而努力工作。

（4）积极倾听。尽快确定客户的最小愿望、最大期望和需要。有时候，客户的抱怨更多的属于核心需求而不是潜在期望；交谈时，不可盲目许诺；最后要对客户恰当地提问，聆听他们的回答可以了解到许多非常有价值的信息。

（5）了解需求。在日常工作中，要善于发现客户的需求。只有了解了客户的需求，才能有针对性地开展工作。另外，还要注意客户对品牌、服务的评价及要求，以便及时调整营销思路和工作思路，并以更好的姿态投入工作中去。

（6）超值服务。为客户提供及时有效的超值服务是联络客户情感的关键所在。要做好客户的参谋与助手，积极帮助客户提出积极有益的建议。

（7）收集信息。要注意观察、收集客户的需求情况，了解市场情况，及时整理客户的投诉、建议和意见，更好地了解客户的需求情况，并利用信息中的商机，更好地服务于市场。

（8）当好参谋。在倾听过程中，你的认知与对方所述可能会有偏差，这时一定要站在客户的立场上替客户考虑，同时将听到的内容简单地复述一遍，以确认客户不满的原因所在。需要注意的是，我们要积极向客户提出合理化的建议。

（9）换位思考。绝大多数客户的不满都是企业的工作失误造成的，即使部分客户无理取闹，也不可与之争执。想客户之所想，急客户之所急，认真做好服务过程中的每个细节。只有使客户享受到最贴心的服务，才是真正优质杰出的服务。

（10）解决问题。探询客户希望解决的问题，一旦找出问题解决方法，必须征求客户的同意。如果客户不接受你的问题解决方法，就问他有什么提议或所希望的问题解决方法。无论你是否有权决定问题解决方法，都要让客户随时清楚地了解你的进程。对于你无法解决的问题，可向客户推荐其他合适的人去解决这个问题，但要主动地代为联络，并礼貌地结束。

二、五"心"服务

（1）耐心。我们一定要做到冷静、耐心，最终给客户一个满意的答复。切勿和客户冷言相对，更不能对客户大发其火。

（2）热心。在和客户交流时，我们要具备热情的态度，因为我们的热情会让客户觉得自己是一个受欢迎的人，客户会放心地把问题交给我们来处理。很多时候，热情还可以挽回一个心意已冷的客户。

（3）诚心。对客户以诚相待，这样才能取信于客户。在日常的电话工作中，不能为了达到自己的目的而对客户做一些虚假及空头的承诺而影响客户关系。事实胜于雄辩，只有勤勤恳恳做事，脚踏实地工作，对每位客户都以诚相待，才能在客户心目中树立良好的形象，取得客户的信任。

（4）细心。工作不够细致或处理不及时，都有可能招来投诉或使抱怨升级。从接待客户到送走客户的整个过程中，我们都要保持微笑服务，随时调整好自己的情绪，以饱满的精神、热情的态度赢得客户的满意，为客户营造一种愉悦的氛围，让客户被轻松自如的气氛所感染，从而减少客户的抱怨，提高客户的经营兴趣。

（5）勤心。要不断学习，使自己的工作一步一个台阶地向前迈进。

任务二 认识物流客户服务

任务情境

张文在某职业学院物流管理专业毕业后，通过校园招聘会被7M物流公司选中且聘为物流客户服务岗位实习生，并进行为期三个月的实习。在这期间，张文要进行与岗位相关的培训和学习。如果张文实习合格，则被聘为该公司的正式员工。张文特别珍惜这个实习机会，想通过三个月的努力获得该公司的认可。他觉得自己首先得对物流客户服务有一个系统的认识。如果他找你帮忙，为他得到这份工作增加一些胜算，那么你应该如何帮助他呢？

任务要求

请通过学习任务二，完成以下任务。

（1）将班级分成若干小组，以小组为单位，结合网络信息资源，针对该任务情境，尝试讨论、分析该向张文介绍哪些内容。

（2）掌握物流客户服务的含义。

（3）掌握物流客户服务的内容。

（4）了解物流客户服务的作用。

（5）各小组进行角色扮演，并进行小组自评、小组互评、教师点评。

知识准备

一、物流客户服务的内涵

现代物流客户管理的核心理念是以客户为中心，对客户进行服务和关怀，使客户完全满意，成为公司的忠诚客户。这就要求企业不仅要重视客户的开拓工作，更要重视客户的管理工作，切实重视并提高客户服务质量。

（一）物流客户的含义

客户是企业的动力，是企业的利润之源。客户是针对特定的某一类人或某一个细分市场而言的，由专门的人员来为之提供服务。对物流活动来说，客户是其递送服务的对象，这些对象通常包括客户的家、零售业务和批发业务的场所、厂商的制造工厂及接收货物的码头和站点等。在不同情况下，物流服务的客户也不同，可以是正在接收物品的各种组织和个人，也可以是同一家厂商不同的作业设施等。

因此，物流客户是相对于物流服务提供者而言的，是所有接受产品、服务或信息的组织和个人的统称。

现代物流客户管理中的物流客户，其内涵已经扩大化，要点如下。

1. 物流客户不全是产品或服务的最终接受者

最终接受者是消费产品和服务的自然人或法人，而处于物流供应链下游的企业是上游企业的物流客户，他们可能是批发商、零售商或物流服务供应商。

2. 物流客户不一定是用户

处于物流供应链下游的批发商、零售商是生产商的物流客户，只有当他们消费这些产品和服务时才是用户。

3. 物流客户不一定在企业之外

内部物流客户的地位日益引起重视，这使企业的服务无缝衔接起来。一直以来，人们习惯于为企业之外的物流客户服务，而把企业内的上、下流程工作人员和供应链中的上、下游企业看作同事或合作伙伴，淡化了服务意识，造成物流客户服务内外脱节和不能落实。

因此，在供应链环境下，个体的物流客户和组织的物流客户统称为物流客户，因为无论是个体或组织都是接受物流企业服务的对象，而且从最终的结果来看，"物流客户"的下游仍然是物流客户。

> 物流是以提供客户导向服务为主体的业务类型，物流企业首先要明确企业的"目标客户"。

（二）物流客户服务的含义

物流客户服务是企业为了满足物流客户（包括内部和外部物流客户）的物流需求，开展一系列物流活动的过程。物流的本质是服务，它本身并不创造商品的形质效用，而是产生空间效用和时间效用。

国际物流学界对物流客户服务有一个较全面的、广为接受的定义："物流客户服务是发生在买方、卖方及第三方之间的一个过程，这个过程使交易中的产品或服务实现增值。"在我国，普遍认为物流客户服务是"在合适的时间和合适的场合，以合适的价格和合适的方式向合适的物流客户提供合适的物流产品和服务，使物流客户的需求得到满足，价值得到提高的活动过程"。

简单来说，物流客户服务是指物流企业为促进其产品或服务的销售而发生在物流客户与物流企业之间的相互活动。

（三）物流客户服务的特征

基于以上对物流客户服务的定义可以发现，物流客户服务具有以下几个主要特征，并且分别具有相应的营销学意义。

1. 不可感知性

物流客户服务的很多元素是看不见、摸不着、无形无质的。物流客户在购买和享受物流服务之前往往不能肯定自己能获得什么质量的物流客户服务。物流客户在接受物流客户服务后通常很难察觉或立即感受到物流客户服务的利益，也难以对物流客户服务的质量做出客观的评价，这是物流服务最为显著的一个特征。

正是由于这个特点，所以物流企业在做营销的时候，就必须通过有形的事物将无形的物流服务展现出来，如场地、人员、设备和价格等，预先给物流客户一个可感知的印象，从而更好地获得物流客户的认同。

> 物流客户服务的无形性主要表现在两个方面，一是物流客户服务是无形无质的；二是消费者在享用某些物流客户服务之后难以感受到物流客户服务给自己带来的利益。

2. 不可分离性

有形的产品从生产、流通到最终消费的过程中，往往要经过一系列中间环节，生产过程和消费过程具有一定的时间间隔。而物流客户服务的生产过程与消费过程是同时进行的，具有不可分离性。

由于生产和消费的不可分离性，物流企业必须重视一线物流客户服务人员的素质及其与物流客户沟通的能力；重视物流客户服务提供者与物流客户的互动，对物流客户服务人员给予必要的授权，让他们能及时、灵活地处理问题；重视物流客户服务人员的激励，发挥他们工作的热情和积极性，如物流业务详细的工作说明与员工培训、航空公司严格的雇用标准等。

3. 差异性

物流客户服务无法像有形产品那样实现标准化，或者用标准化的实物形式来客观表现。物流客户服务的质量受人为因素影响较大，难以恒定地维持一致，每次物流客户服务带给物流客户的效用、质量都可能存在差异，这与人们服务意识的强弱有关，标准因人而异。

为了保证物流客户服务的一致性，物流企业必须重视物流客户服务人员的挑选、培训，制定明确、规范的物流客户服务流程，及时处理物流客户建议与投诉，定期监测物流客户满意度，持续提升服务水平。例如，某些物流企业规定全体员工要实行快捷、准确、友善的物流客户服务，物流客户排队时间不能过长；物流客户服务人员要在一定时间内将商品送到物流客户手中；物流客户服务人员要在10秒内接听电话等。

4. 缺乏所有权

当前市场在进行商物分离，而物流客户服务的生产过程和消费过程中不涉及任何物品的所有权转移。物流客户服务产品在交易完成后便消失了，所以消费者并没有实质性地拥有物流客户服务产品。

由于物流客户服务具有这个特征，所以有些物流客户服务是可以通过低成本实现高收益的，而物流企业应该大力挖掘这方面的服务能力和服务方式。例如，物流客户服务提供者在服务过程中表现出的工作热情、积极主动性和微笑等，不但不需要物流企业投入更多成本，还能提高企业的业绩。

二、物流客户服务的内容

物流客户服务是物流企业最关键的业务内容，是企业的赢利来源，必须积极主动地处理物流客户各种不同类型的信息咨询、订单执行查询、投诉及高质量的现场服务等。

（一）核心服务——订单服务

订单服务是构成物流客户服务的主要部分。物流企业的所有业务都是围绕物流客户的订单而开展的。订单服务是从接到物流客户的订单开始发货到将货物送达物流客户手中的一系列物流过程，包括订单受理、订单传递、订单处理、订单分拣与整合、订单确认、退货处理等过程。

（二）基础服务——储存、运输与配送服务

在完成订单服务的业务中，必须要有储存、运输与配送这些基础服务来配合。没有物流的基础服务就没有物流的延伸服务。物流企业只有认真、扎实地做好储存、运输和配送服务，才能使物流企业在竞争中立于不败之地。

（三）辅助服务——包装与流通加工服务

在物流基础服务做好以后，还必须做好包装和流通加工服务。包装和流通加工服务是促进销售、维护产品和提高物流效率的关键。

（四）增值服务——延伸服务

随着竞争的加剧，物流企业在完成上述基本服务的同时，必须为物流客户提供增值化的延伸服务。物流企业要根据物流客户的人性化需求为物流客户提供多样化的延伸服务业务，不断开拓新颖独特的增值服务，使自己的物流客户服务技术和水平有一个质的提高，从而对物流客户更具有竞争力和吸引力。延伸服务可以在基本服务的基础上向上、向下延伸，如需求预测、货款回收与结算、物流系统设计、物流方案规划制作与选择、物流教育与培训、物流咨询等，这些服务能够为物流客户提供差异化的增值服务，使物流企业更具竞争力。

三、物流客户服务的作用

随着物流概念的成熟，特别是随着电子商务的发展，企业间的竞争已淡化了地域的限制，其竞争的实质将是物流客户服务的竞争。物流客户服务在企业经营中占据相当重要的地位，是增强企业产品差异性、提高产品和服务竞争优势的重要因素。

（一）差异化物流客户服务是细分市场营销战略的选择

市场进入细分市场阶段后，其营销需要多样化和差异化。企业经营只有满足各种不同类型、不同层次的市场需求，并能迅速、有效地满足消费者的欲望，才能使企业在激烈的竞争和市场变化中求得生存和发展。所以，差异化物流客户服务也相应具有了细分市场营销战略上的意义。也就是说，差异化物流客户服务是细分市场营销差异化的重要方式和途径。

（二）物流客户服务水准对企业经营具有重要的影响

确定物流客户服务水准是构筑物流体系的前提条件。在物流开始作为企业经营战略重要一环的过程中，物流客户服务越来越具有经济性的特征。市场和价格的变化会通过供求关系来决定物流客户服务的价值，也决定了一定物流客户服务水准的成本。物流客户服务的供给不是无限制的，否则，成本过高的物流客户服务势必损害企业效益，不利于企业收益的稳定。因而，制定合理或企业预期的物流客户服务水准是企业经营决策的重要内容之一。

（三）物流客户服务方式的选择对降低企业经营成本具有重要作用

降低企业经营成本历来是企业追求的目标之一。企业低成本经营的实现往往涉及商品生产、流通的全过程，除了原材料、零部件、人力成本等各种有形影响因素外，物流客户服务方式的选择对降低企业经营成本具有很大的作用。一些大型零售企业为降低商品购入和调低物流客户服务成本，改变原来的物流体系，转而实行由零售主导的共同配送、直送、工厂配送等新型物流客户服务。这从一个侧面证明了合理的物流客户服务可以降低企业经营成本。

（四）物流客户服务是联结商家的手段

物流客户服务是有效联结供应商、厂商、批发商和零售商的重要手段。物流客户服务作为一种特有的服务方式，一方面以商品为媒介，打破了厂商、批发商和零售商之间的隔阂，有效地推动了商品从生产到消费全过程的顺利流动；另一方面，物流客户服务通过自身特有的系统设施不断将商品销售、在库等重要信息反馈给流通中的所有企业，并通过知识、诀窍等经营资源的积累，使整个流通过程不断协调地适应市场变化，进而创造出一种超越单个企业的价值效益。

（五）用提高客户满意度来留住客户

过去，许多企业把重点过于放在赢得新客户而很少放在留住现有客户上。但是，最近研究表明，留住客户的战略越来越重要。留住客户和公司利润率之间有着非常高的相关性，这是因为留住客户可以保留业务；为老客户服务成本较少；满意的客户会提供业务中介；不少满意的客户愿意支付议价。企业需要记住的是，一个对服务提供者感到不满的客户将被竞争对手获得。留住客户已成为企业的战略问题，物流领域高水平的客户服务能够吸引客户并留住客户。对客户来说，频繁地改变供应来源会增加其物流成本及风险性。

任务实施

步骤一：小组分工，解读任务。

教师导入"任务情境"；进行班级学生分组，以4～6人为一组，每组选出组长；全体学生解读"任务要求"。

步骤二：小组合作，讨论、完成任务。

小组成员通过学习"知识准备"，结合任务一所学的客户、客户服务等相关知识，可上网查询著名物流公司的客户服务内容。

步骤三：展示成果，共同交流分享。

各小组轮流展示讨论成果，其他小组进行观摩学习。结合任务，应先介绍物流客户服务的含义及特征，再介绍物流客户服务的主要内容，最后针对企业的主要业务介绍每项业务中包含的主要客户服务。

步骤四：总结评价，记录提升。

各小组先对展示成果进行自评，然后小组互评，最后教师点评，每人完成"认识物流客户服务评价表"（见表1-2）。

表1-2　认识物流客户服务评价表

被考评人						
考评内容		任务二　认识物流客户服务				
考评标准	内容	分值	自我评价 20%	小组评价 30%	教师评价 50%	综合评价
	查阅资料的内容正确、完整	20				
	参与讨论的积极性	20				
	有团队合作精神	20				
	项目任务完成情况	40				
	总分	100				
	技能星级					

注：技能星级标准如下。

★：在教师的指导下，能部分完成某项实训作业或项目。

★★：在教师的指导下，能全部完成某项实训作业或项目。

★★★：能独立地完成某项实训作业或项目。

★★★★：能独立较好地完成某项实训作业或项目。

★★★★★：能独立并带动本组成员较好地完成某项实训作业或项目。

知识巩固

一、填空题

1.现代物流客户管理的核心理念是＿＿＿＿＿＿＿。

2. 物流客户服务是＿＿＿＿＿＿＿＿＿＿＿＿＿。

3. 从过程管理的观点看，客户服务是通过＿＿＿＿为供应链提供重要的价值增值的过程。

4. 物流客户服务具有＿＿、＿＿、＿＿和＿＿等特点。

5. 物流客户服务中的核心服务是＿＿＿＿＿＿。

6. 储存、运输与配送服务是物流客户服务中的＿＿＿＿＿＿。

7. 物流的本质是＿＿＿＿＿＿＿＿＿＿＿＿＿＿，它本身并不创造商品的形质效用，而是产生和＿＿＿＿＿＿。

二、判断题

1. 客户都是产品或服务的最终接受者。

2. 我们生活中不能缺少物流服务，因为它不仅创造商品的形质效用，还创造空间效用和时间效用。

3. 客户服务是发生在买方、卖方及第三方之间的一个过程，这个过程并不能实现商品增值。

4. 物流客户服务的很多元素是看不见、摸不着、无形无质的，所以物流客户服务具有不可感知性。

5. 流通加工服务是物流客户服务的基础服务内容。

6. 物流企业无须过多地关注内部不用与物流客户直接接触的员工。

三、简答题

1. 简述物流客户服务的含义及特征。

2. 一般物流企业的客户服务主要包括哪些内容？

3. 物流客户服务对物流企业的发展有什么作用呢？

拓展提升

用心为你创造价值——宝供物流公司的三级跳

对于中国的第三方物流企业，业内许多人士会提及宝供物流公司。摩根士丹利公司给宝供物流公司下的评语是——"中国最具价值的第三方物流企业"。宝供物流公司缘何这样引人注目呢？这其中主要的原因是宝供物流公司遵循现代物流发展理念。短短数年，宝供物流公司完成了从储运、物流到供应链服务的三级跳，一跃成为国内领先的现代化物流企业集团。

宝供物流公司的总裁刘武先生把宝供物流公司的发展大致分为三个阶段：第一阶段，宝供物流公司从一家传统储运企业转变为提供一体化物流服务的专业公司；第二阶段 1997 年期间，宝供物流公司逐步发展成为一家较为成熟的第三方物流企业；第三阶段始于 2000 年，宝供物流公司向提供供应链一体化物流服务转型，并取得了良好的效果。

一、独立的第三方物流企业

宝洁公司对宝供物流公司的发展起到非常重要的作用。正是与宝洁公司这样的一个国际性大公司合作，宝供物流公司才学到了不少有用的东西，这为宝供物流公司以后的发展打下了良好的基础。当时，刘武在广州承包经营一家铁路货物转运站，而刚刚进入中国市场的宝洁公司正在为产品不能及时、快速地运送到全国各地而犯难。经人介绍，宝洁公司找到了刘武。刘武与宝洁公司合作的第一笔业务是4个集装箱的货物运输。宝洁公司的要求非常苛刻，不仅要准时送达，而且还有许多附加要求。这些在现在看来再正常不过的事情在当时却被看成天方夜谭。宝洁公司此前也曾与多家储运企业有过接触，但都没能谈成。为了完成这笔业务，刘武亲自对货物进行全程跟踪，在这单业务结束后，刘武主动给宝洁公司写了一份报告，对整个过程中各环节可能遇到的问题及解决办法都详细地做出了说明。虽然这笔业务刘武基本上没赚到钱，但却赢得宝洁公司的信任。此后，刘武注册成立了宝供储运有限公司，而宝洁公司也加大与该公司的合作力度。几年后，宝供储运有限公司成了宝洁公司铁路运输的总代理。

与宝洁公司的合作，让宝供储运有限公司受益匪浅，并直接推动了宝供储运有限公司向现代物流企业的发展。随着宝供储运有限公司业务的不断规范和扩大，宝供储运有限公司逐步走出了过去"宝洁公司储运部"的影子，其服务的客户也开始越来越多，如飞利浦、TCL等几十家国内外著名企业，甚至宝洁公司的竞争对手联合利华公司也将物流业务交给宝供储运有限公司打理。

随着业务的不断扩大，为了打破当时分块经营、多头负责的模式，宝供储运有限公司开始在全国铺设业务网络。刘武将这一网络分为"天网"和"地网"。"地网"的建设是指在全区域中心城市建立分公司，并以此为依托铺设全国网络；"天网"是指不断改进的物流信息系统。早在多年前，宝供储运有限公司就在全国同类企业中率先实施了基于Internet/Intranet的物流信息管理系统。凭借这一系统，宝供储运有限公司实现了对全国范围内物流运作信息实时动态的跟踪管理。此后，宝供储运有限公司又累计投入1000多万元人民币对这套系统进行完善和升级，通过这个系统实现与客户的电子数据交换，并为客户提供诸如报表、运作咨询等个性化的物流信息服务。于是，宝供储运有限公司与客户之间的业务变得更为便捷和富有效率。

在多方努力和争取下，宝供储运有限公司后来更名为宝供物流企业集团公司（简称宝供物流公司）。宝供物流公司成为国内第一家注册的物流企业。至此，在当时国内工商部门的"字典"里还没有"物流"这个词时，宝供物流公司已经基本上完成了向第三方物流企业的转变，并在内部建立相对比较完善的业务运作管理体系（SOP）和质量保证体系（GMP）。

二、以物流基地建设推进供应链服务

在完成向第三方物流企业的转变后，宝供物流公司开始向提供增值化的供应链一体化物流服务方向努力，并将物流基地的建设作为提高供应链服务能力的重要突破点。宝供物流公司的物流基地是集配送、分拣、拼装和简单加工等功能为一体的一站式物流中心，还附加了基于进出口业务的保税、通关、检验检疫和国际金融结算等功能。另外，由于生产商和供应

商的产品都在宝供物流公司的物流基地集散，所以该物流基地也是一个采购平台。利用这些物流基地，宝供物流公司为客户减少了大量的搬运环节，降低了物流成本，自身也通过增值服务获取更多的利润。宝供物流公司之所以花这么大力气在物流基地的建设上，是因为随着物流市场竞争的激烈，企业对物流服务的要求也越来越高，小批量、多批次、多品种的配送方式和快速反应的能力越来越被看重，这就要求对物流的各环节进行高度整合，提高效率。

实际上，物流基地这么受重视，还在于宝供物流公司将此作为其向供应链一体化服务提供商转型的重要载体。近来，宝供物流公司向外界宣称与IBM公司合作进军供应链服务领域。向供应链方向转型，意味着宝供物流公司的主要业务变成了两个方面：一是与需要服务的企业一起制定合理的供应链解决方案，不仅涉及它们的产品物流，还要将其销售、生产、采购的各个环节的物流业务做综合性的规划，提供整体优化方案；二是通过宝供物流公司的物流服务来确保这个方案的实施。这表明，宝供物流公司以前主要靠整合社会资源提供物流服务来赚钱，今后则主要通过提供和实施供应链解决方案来赚钱。

从宝供物流公司成立伊始，宝供物流公司始终致力于为客户创造价值的使命上，并不断前行。在今天，客户的需求更加多样化和差异化，宝供物流公司永远将客户的利益放在第一位，致力于成为客户的最佳合作伙伴，落实供应链每个环节的价值创造，以"开放、合作、实干、创新、共赢"的企业精神，助力客户成就卓越、基业长青。

讨论

你认为宝供物流公司的成功经验在哪里？宝供物流公司为什么向供应链服务领域挺进呢？

项目二
物流客户中心业务处理

项目目标

❖ 掌握物流客户服务的基本礼仪和用语；

❖ 掌握物流客户来访接待流程；

❖ 掌握电话业务受理流程；

❖ 掌握网上业务受理流程。

任务一 物流客户来访接待流程

📖 任务情境

7M物流公司准备正式开门营业，并在货物的运输、储存和配送等主要业务方面都做了长时间的准备。该公司决定在正式营业之前先完善公司接待客户的内容及顺序，并将这个任务交给了客服部的杨总来完成。请你帮助杨总一起制定客户来访的接待流程。

🎯 任务要求

请通过学习任务一，完成以下任务。

（1）将班级分成若干小组，以小组为单位，结合网络信息资源，针对该任务情境，根据物流企业的经营特点，确定物流客户接待时应涉及的内容。

（2）了解物流客户的分类。

（3）掌握物流客户来访接待流程。

（4）各小组进行角色扮演，并进行小组自评、小组互评、教师点评。

☢ 知识准备

一、物流客户的分类

物流客户是指物流企业或公司服务的所有对象，是企业经营活动得以维持的根本保证。

（一）按照服务对象的性质分类

按照服务对象的性质，可将物流客户分为个体型客户和组织型客户。

1. 个体型客户

个体型客户是指由于个人或家庭的需要而购买物流产品或服务的最终消费者，主要由个人或家庭购买者组成。

2. 组织型客户

组织型客户是指一定的正式组织机构，以组织的名义，因组织的运作需要而购买某种物流产品或服务的对象，一般由一系列组织单位或团体机构等构成。

（二）按照业务关系分类

按照业务关系，可将物流客户分为交易型客户、合同型客户和联盟型客户。

1. 交易型客户

交易型客户是指与物流企业的关系建立在一次交易或一系列独立交易基础上的客户。交易型客户数量较多且需求具有随机性，其需求的数量和水平也难以准确预测。管理这类客户时，物流企业应强调客户服务能力的柔性化，在客户满意和物流成本之间寻找良好的平衡。

2. 合同型客户

合同型客户是指与物流企业根据一种具体的情况确立合同关系的客户，而物流企业要在合同的指导下满足客户的要求。因此，合同型客户需要的服务水平和数量可以比较准确地预测。在为这类客户服务时，物流企业只要确保服务过程的稳定性和可靠性，就可以使客户满意。

3. 联盟型客户

联盟型客户是指与物流企业是一种为实现共同的利益、目标和战略的有计划的持久性合作关系的客户。在管理这种客户关系时，物流企业应该加强与客户的互动沟通，充分认识和发掘客户深层次的需求，为客户提供个性化的服务，帮助客户达到预定的战略目标。

> **讨论**
>
> 交易型客户、合同型客户和联盟型客户之间有何不同？

（三）按照重要程度分类

按照重要程度，可将物流客户分为 A 类客户、B 类客户和 C 类客户（又称 ABC 分类法）。

1. A 类客户

A 类客户又称重点客户或关键客户。这类客户的数量一般占企业客户总数的 5% 左右，而为企业带来的业绩（销售额或利润）则占企业总业绩的 80% 左右。

2. B 类客户

B 类客户又称合适客户。这类客户的数量一般占企业客户总数的 15% 左右，而为企业带来的业绩（销售额或利润）则占企业总业绩的 15% 左右。

3. C 类客户

C 类客户又称一般客户。这类客户的数量一般占企业客户总数的 80% 左右，而为企业带来的业绩（销售额或利润）则占企业总业绩的 5% 左右。

任何一个企业的资源都是有限的，不可能为所有客户提供同等满意的产品和服务，一般只能满足一小部分客户的服务要求。因此，物流客户分类有利于企业根据关键客户和合适客户的需要，进行客户个性化设计、制造和服务，使客户的个性化需求得到满足，实现客户价值最大化，提高客户满意度。

> **讨论**
>
> 针对ABC分类法，物流企业应该如何利用有限的资源来提升客户服务水平呢？

二、物流客户来访的一般目的

在物流公司业务人员和客户进行日常业务往来过程中，客户很可能提出来公司访问。同时，物流公司也会在适当的时候邀请客户来公司考察访问，以加深双方的沟通和了解，促进双方合作的进行。那么，首先要了解客户来访的目的。客户来访的目的通常不外乎以下几种。

第一，考察公司以便了解公司的规模、业务能力、业务类型等基本运作情况，同时了解公司的运输生产体系、质量效率控制体系和创新信息等。这些客户往往是新客户，只是通过网站、展会、客户介绍等方式了解到公司并产生了强烈的合作意向，但对公司业务了解并不深。因此，客户对公司的实地考察访问无疑是一种最为直接有效的了解公司的方式。

第二，进行项目洽谈。这类客户往往是和公司相关业务人员已经有过几次沟通，而且在相关网站、杂志上已经看到过公司业务介绍及公司整体形象展示。这类客户往往是带着订单、项目有备而来的，目的就是讨论现有项目的合作，包括相关技术问题、价格问题、付款方式、完成期限等内容的实质性讨论。该类客户通常是公司最重视的，因此接待这类客户时不仅要有专业技术人员陪同，公司领导也要适时参加接待和谈判。

第三，以了解货物情况为主，顺便了解公司最新发展情况。这类客户通常已经和公司有了订单的合作基础，来访的主要目的是对公司的货物运输管理质量进行进一步确认。同时，这类客户手中有一定的新订单，如果双方可以达成共识，进行新合作的可能性极大。

第四，以投诉为主，顺便对公司进行深入考察。这类客户与公司已经有过合作，对公司有一定的了解，并一定程度上信任公司的专业能力，是公司必须充分重视的客户类型。若对这类客户的投诉处理得当，将大大增加客户对公司的信任度及忠诚度，使其成为公司的长期合作客户。

第五，客户与公司人员（已合作沟通过的业务人员或某类业务的负责人）进行基本的人际沟通。这类客户的来访往往是顺道而过的，来之前或许也没有预约。这类客户和公司的关系已经很紧密了。这类客户拜访公司只是加强沟通，顺便看看正在合作的订单的运转情况。

三、物流客户来访接待流程

一旦确认客户来访，业务人员必须认真、细致地做好相关准备工作。针对客户来访的目的，必须根据公司相关流程和制度，有针对性地做好安排。

（一）要了解客户

对于老客户来访，不需要对客户进行深层次的了解。但对于新客户来访，必须慎重，详细了解清楚客户的实际状况和来访的真正用意。因此，客户调查是非常重要的，业务人员必须通过客户沟通等方式认真填写客户调查表。

（二）做好客户来访登记

当客户亲自上门拜访时，接待人员应在与客户沟通的同时，让客户填写《客户来访信息登记表》（见表 2-1），以方便公司的客户管理及业务管理，准确记录客户需求，并保证尽量满足每个客户的愿望。接待人员要详细记录客户情况报告，包括客户有什么需求，是否需要交给其他部门处理，解决方法、过程及最终结果。

表 2-1　客户来访信息登记表

来访单位			来访日期		
姓名		职务		联系电话	
地址		电子邮箱		QQ 号	
企业性质					
企业生产商品					
主要合作业务					
来访事由					
客户情况报告					

（三）安排客户行程

客户在拜访过程中如果有意愿了解公司的现状和发展情况，会提出参观公司相关业务工作场地的要求，如货物包装、装卸地点及设备情况，货物保管情况，运输工具情况及货物信息追踪情况等。在遇到此类要求时，接待人员要根据客户的要求及客户时间来安排参观行程及参观的时间，使客户能在较短的时间内最大限度地了解公司，在不影响客户后续安排的情况下尽量满足客户的需求。

（四）安排参与接待的所有人员的对接

若是接待预约前来进行商务洽谈的客户，负责安排接待的人员应根据客户前来洽谈的主要内容，提前与相关技术人员及相关领导做好沟通，并请相关技术人员在接待时给予协助和支持。同时，应提前将客户来访信息汇报给部门经理及主要分管的副总经理，以便准确把握客户意图，保证洽谈进程顺利进行，并对可能出现的相关问题加以分析和判断。更重要的是，客户来访前应根据客户级别知会相应的部门负责人、总经理或副总经理，以确定参与谈判的人员。如需要董事长等高层领导参加，必须提前两天书面告知总经理办公室，以便确认董事长等高层领导是否可以参加。

（五）资料准备

客户来访前，业务人员应事先认真整理好和该客户沟通过的相关资料，如洽谈合作的项目情况、价格情况、技术改进情况、信息设备情况等，以及与该客户往来的重要传真、电子邮件、相关合同、报价及其他重要资料。与合作项目有关的技术参数、操作流程及标准等应事先与技术部门相关人员联系以确保无误，并就这些信息和部门经理及主要分管副总经理进行事先沟通，以促进谈判的顺利进行。更重要的是，在谈判前业务人员应对拟洽谈合作的项目情况进行充分了解，以便在谈判现场能够迅速做出反应并随时回答客户的有关提问。

公司历史及现状介绍也是让客户了解公司业务的重要内容。在向客户介绍公司时，一个清晰的思路及简明流畅的说辞将会大大提升客户对公司的好感度，促进洽谈合作的顺利进行。

（六）做好会谈准备及会谈流程

客户来访的前一天，业务人员必须事先告知所有相关部门来访人数，需要准备的公司简介、便笺纸、笔、矿泉水、水果等需求数量，多媒体会议室使用时间，是否需要水牌、横幅或欢迎牌等要求，以便后勤部门做好会议准备工作。

客户来访的整个会谈进程一般分为观看录像了解公司的发展历程、参观公司主要业务部门、企业情况（PPT）介绍、项目合作讨论等部分，这几个部分可以相互交错或同时进行。

会谈结束后，接待人员应清理好会议室并将相关资料设备交还相关部门。客户访问结束后的第二天，应立即整理出一份内容详细并包含会谈纪要附件的答谢信给客户，并抄送客户方所有来访人员及公司参与接待的相关领导。同时将公司技术人员提供的有关改进的最新信息告知客户，以便客户及时掌握和了解公司的反馈信息，明确洽谈中未解决事宜的完成时间表及重要事项。

任务实施

步骤一：小组分工，解读任务。

教师导入"任务情境"；进行班级学生分组，以4～6人为一组，每组选出组长；全体学生解读"任务要求"。

步骤二：小组合作，讨论、完成任务。

小组成员通过学习"知识准备"，结合任务一所学的物流客户、物流客户服务等相关知识，再利用现代信息技术查询一般企业客户来访接待流程等资料。

步骤三：展示成果，共同交流分享。

各小组轮流展示讨论成果，其他小组进行观摩学习。

结合任务，物流客户来访接待一般需要经过了解客户、来访登记、安排行程、接待对接、资料准备、会谈准备和会谈。

步骤四：总结评价，记录提升。

各小组先对展示成果进行自评，然后小组互评，最后教师点评，每人完成"物流客户来访接待流程评价表"（见表2-2）。

表2-2 物流客户来访接待流程评价表

被考评人						
考评内容	任务一　物流客户来访接待流程					
考评标准	内容	分值	自我评价 20%	小组评价 30%	教师评价 50%	综合评价
	查阅资料的内容正确、完整	20				
	参与讨论的积极性	20				
	有团队合作精神	20				
	项目任务完成情况	40				
	总分	100				
技能星级						

注：技能星级标准如下。

★：在教师的指导下，能部分完成某项实训作业或项目。

★★：在教师的指导下，能全部完成某项实训作业或项目。

★★★：能独立地完成某项实训作业或项目。

★★★★：能独立较好地完成某项实训作业或项目。

★★★★★：能独立并带动本组成员较好地完成某项实训作业或项目。

✖ 知识巩固

一、填空题

1. 按照服务对象的性质，可将物流客户分为_____和_____。

2. 按照业务关系，可将物流客户分为_____、_____和_____。

3. _____是指物流企业与客户的关系是一种为实现共同的利益、目标和战略的有计划的持久性合作关系。

4. A类客户又称_____或_____。

5. A类客户的数量一般占企业客户总数的___左右，而为企业带来的业绩（销售额或利润）则占企业总业绩的___左右。

6. B类客户的数量一般占企业客户总数的___左右，而为企业带来的业绩（销售额或利润）则占企业总业绩的___左右。

7. 按ABC分类法，C类客户又称_____。

二、判断题

1. B类客户的数量一般占企业客户总数的15%左右，而为企业带来的业绩（销售额或

利润）则占企业总业绩的 15% 左右。 （　　）

2. 联盟型客户是指与物流企业根据一种具体的情况确立合同关系的客户，而物流企业要在合同的指导下满足客户的要求。 （　　）

3. 按照服务对象的性质，可将物流客户分为交易型客户、合同型客户和联盟型客户。

（　　）

4. 交易型客户数量较多且需求具有随机性，需求的数量和水平难以准确预测。

（　　）

5. A 类客户又称重点客户或关键客户。这类客户的数量一般占企业客户总数的 80% 左右，而为企业带来的业绩（销售额或利润）则占企业总业绩的 5% 左右。 （　　）

三、简答题

1. ABC 分类法对物流客户服务有什么意义？

2. 客户来访的目的一般有哪些？

3. 简述物流客户来访接待流程。

4. 简述会谈的注意事项。

5. 简述制作客户接待流程对联络客户情感的作用。

拓展提升

泰国东方饭店成功的秘诀

泰国东方饭店堪称亚洲饭店之最，几乎天天客满，不提前一两个月预定是很难有入住机会的，而且客人大都来自西方发达国家。泰国在亚洲算不上特别发达，但为什么会有如此吸引人的饭店呢？大家往往会认为泰国只是一个旅游国家，而且又有世界上独有的人妖表演，是不是饭店在这方面下了功夫？错了，他们靠的是真功夫！是非同寻常的客户服务，也就是现在经常提到的客户关系管理。

该饭店的客户服务到底好到什么程度呢？下面我们就通过一个实例来看一下。王先生因公务经常出差泰国，并有机会下榻东方饭店。第一次入住时良好的饭店环境和服务就给他留下了深刻的印象。当第二次入住时，几个细节更使他对该饭店的好感迅速升级。

那天早上，王先生走出房门准备去餐厅的时候，楼层服务生恭敬地问道："王先生是要用早餐吗？"王先生很奇怪，反问："你怎么知道我姓王？"服务生说："我们饭店规定，每晚都要背熟所有客人的姓名。"这令王先生大吃一惊，因为他经常频繁往返于世界各地，入住过无数高级酒店，但这种情况还是第一次碰到。王先生很高兴地乘电梯来到餐厅所在的楼层，他刚刚走出电梯门，餐厅的服务生就说："王先生，里面请。"王先生更加疑惑，因为服务生并没有看到他的房卡，他问："你知道我姓名吗？"服务生答："是的，上面的电话刚刚下来，说您已经下楼了。"如此高的效率让王先生再次吃了一惊。

刚走进餐厅，服务小姐微笑着问："王先生还是要老位子吗？"王先生的惊讶再次升级，心想："尽管我不是第一次在这里吃饭，但最近的一次也有一年多了，难道这里的服务小姐记忆力那么好？"

　　看着王先生惊讶的目光，服务小姐主动解释说："是这样的，我刚刚查过电脑记录，您在去年的6月8日在靠近第二个窗口的位子上用过早餐。"王先生听到后非常兴奋地说："好，老位子！老位子！"小姐接着问："还是老菜单吗？一个三明治，一杯咖啡，一个鸡蛋？"现在他已经不再惊讶了，说："就要老菜单，就要老菜单！"王先生已经兴奋到了极点。

　　上餐时餐厅赠送了一碟小菜给王先生。由于他第一次看到这种小菜，就问："这是什么？"服务生后退两步说："这是我们特有的小菜，赠送给您品尝一下。"服务生为什么要先后退两步呢？他说是怕自己说话时口水不小心会落在客人的食品上。这种细致的服务不要说在一般的酒店，就是在美国最好的饭店里都没有见过。这次早餐给王先生留下了终生难忘的印象。

　　后来，由于业务调整的原因，王先生已有三年的时间没有再到泰国去。去年，他在自己生日那天突然收到了一封东方饭店发来的生日贺卡，里面还附了一封谏言，内容是：亲爱的王先生，您已经有三年没有来过我们这里了，我们都非常想念您，希望能再次见到您。今天是您的生日，祝您生日愉快！王先生当时激动得热泪盈眶，发誓如果再去泰国，绝对不会去任何其他饭店，一定要住在东方饭店，而且要说服所有的朋友也像他一样选择东方饭店。

　　王先生又看了一下信封，上面贴着一枚六元的邮票。六块钱就这样买到了客户忠诚的一颗心，这就是客户关系管理的魔力。

　　东方饭店非常重视培养忠实的客户，并且建立了一套完善的客户服务和关系管理体系，使客户入住后可以得到无微不至的人性化服务。

　　迄今为止，世界各国约20万人曾经入住东方饭店。用东方饭店的话说，只要每年有1/10的老顾客光顾饭店就会永远客满，这就是东方饭店成功的秘诀。

任务二　物流客户电话、传真业务处理

📖 任务情境

　　在7M物流公司的日常工作期间，很多客户由于种种原因无法亲自前来公司进行访问。客户在对公司有所需求时，往往会采用电话、传真等方式了解公司及货物的情况。因此，接待人员必须掌握客户来电时的应对、处理方式。张文来到客服部刚刚第二周，且已向老员工学习和观察了一周。今天，他要亲自处理电话订单业务了。一个客户的业务电话打给了张文，要他从上海发运一批玩具到深圳并发一份传真。张文应该怎么完成这项业务呢？

🎯 任务要求

　　请通过学习任务二，完成以下任务。

　　（1）将班级分成若干小组，以小组为单位，结合网络信息资源，针对该任务情境，制定电话订单业务处理流程。

　　（2）了解电话礼仪。

（3）掌握传真业务受理流程。

（4）各小组进行角色扮演，并进行小组自评、小组互评、教师点评。

知识准备

一、电话订单业务处理流程

电话订单业务处理流程如图 2-1 所示。

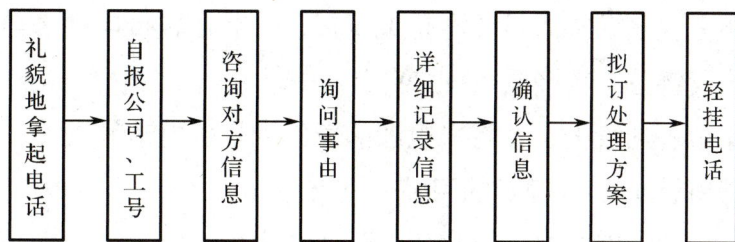

礼貌地拿起电话 → 自报公司、工号 → 咨询对方信息 → 询问事由 → 详细记录信息 → 确认信息 → 拟订处理方案 → 轻挂电话

图 2-1　电话订单业务处理流程

二、电话业务受理人员的电话礼仪

电话作为现代通信联络手段，在公司运作中起着十分重要的作用。很多客户首先是通过电话感受到公司服务的，所以当你把工作热情和责任通过电话传给客户时，会给客户留下非常深刻的印象，为成功受理业务打下良好的基础；反之则会给公司造成不良影响，最终导致受理业务失败。因此，一个电话业务受理人员应该在电话里表现出良好的职业规范和讲话水准。

（一）接听电话

（1）电话铃响 3 声内拿起电话，离电话最近的客服人员应主动接听。

（2）要讲普通话，语速均匀，吐字清晰，语气温和，并使用问候语。接听内线电话时要说："您好，××部。"接听外线电话时要说："您好，××物流公司。"

（3）在桌上常备纸、笔以备接听电话时进行记录。如涉及重点信息、订单信息、客户联系方式、客户特别要求等，不仅要记录下来，还应该向对方复述一遍，以确定无误。

（4）接听电话，态度友善，简洁明了。因公电话尽量不要超过 15 分钟。

（5）因故障电话突然终止时，务必回拨，避免任何影响公司业务和形象的情况出现。

（6）如果通话结束，一般由对方先挂断电话。当确定对方已挂断电话后，再挂断自己的电话。

（二）拨打电话

（1）明确打电话的目的。

（2）准备好所需要的资料。可以根据客户经常遇到的问题制作一个工作帮助表；如果客户需要资料或回复，要把资料时刻准备在旁边。

（3）选择适当的时间。打公务电话最好避开临近下班的时间，并尽量打到对方单位。若确有必要往对方家里打公务电话，应注意避开对方吃饭或睡觉时间。

（4）电话打通后，首先通报自己的姓名、身份。必要时，应询问对方是否方便，在对方方便的情况下再开始交谈。

（5）电话用语应文明、礼貌，电话内容要简明、扼要。

（6）通话完毕时应说"再见"，然后轻轻挂断电话。

（三）转接电话

（1）首先向来电者表明转接人员的身份或部门，然后在转接电话之前，要对来电者做一些解释，如"好的，我将替您转接至××部门"。

（2）询问清楚来电者的身份，并将来电者的身份告知接电话的人。

（3）养成使用保留键（Hold键）的习惯。

（4）转接电话后需注意对方是否已接听电话。让来电者空等很久既失礼，又易引起抱怨及纠纷。

（5）在过滤电话时，务必注意用词礼貌。

（四）电话礼仪及技巧

1.懂得营造气氛

（1）诚恳的态度。

（2）情绪的掌握。

（3）声调的控制。

（4）中听的话语。

2.使用辅助工具

（1）简讯、留言条。

（2）重要客户资料。

（3）企业相关信息资料。

（4）名片管理。

3.电话铃响3声之内接起电话

4.使用标准用语

使用标准用语：您好、请、谢谢、对不起、再见。

三、传真业务受理流程

（一）传真格式

1.传真格式分类

按照收发传真对象的不同，传真一般分为个人传真和商务传真；按照所采用的语言文字不同，传真分为中文和外文传真；按照表述方式不同，传真分为图标式传真和表格式传真，表格式传真如表2-3所示。传真没有固定的格式。不同的公司有不同格式的传真。可以根据公司的需要对传真格式进行设计。

表2-3 表格式传真

收件人（TO）：	传真抬头（发件人信息）
传真号码：	
发件人（FM）：	[公司名称]
抄送（CC）：	[联系信息]
日期：	
主题：	
备注：	

2.传真内容要求

如果公司的具体业务不同，则传真内容要求也不同，但传真一般都显示抬头、收件人、发件人、主题、传真号码、日期、页数等方面的内容。抬头一般是发件人公司的信息。发传真时经常用英文简写，如收件人用"TO"表示，发件人用"FM"表示，抄送用"CC"表示。例如，无锡市小熊玩具有限公司顾先生发给××物流公司袁小姐一封拖柜通知书（见图2-2）。

XIAOXIONG TOY	
无锡市小熊玩具有限公司	
TEL: +86-21-44*****	FAX: +86-21-55****
拖柜通知书	
TO ××物流公司 袁小姐 +86-21-88******	
FM 无锡市小熊玩具有限公司 顾先生	
S/O	
柜型：	
装柜厂家资料：	
还柜联系资料：	
货物：	
拖车费用：	
	2021年8月7日

图2-2 传真内容示例

（二）传真发送

1. 发送前需要通话

具体操作步骤如下。

（1）检查机器是否处于"准备好"（Ready）状态。

（2）放置好发送文件原稿。

（3）摘取话机手柄，拨通对方号码，并等待对方回答。

（4）双方进行通话。

（5）通话结束后，由收方先按启动键。

（6）当听到收方的应答信号时，发方按启动键，开始发送文件原稿。

（7）挂上话筒，等待发送结束。若发送出现差错，则应重新发送，直至收方正确接收为止。

2. 发送前不通话

具体操作步骤如下。

（1）检查机器是否处于"准备好"（Ready）状态。

（2）放置好发送文件原稿。

（3）摘取话机手柄，拨通对方号码，并监听对方的应答信号（长鸣音）。

（4）按启动键（Start），这时发送指示灯或液晶显示"Transmit"，表明机器开始发送文件原稿。

（5）挂上话筒，等待发送结束并收取对方的记录报告，根据报告上的差错情况，再进行重发，直至全部无误为止。

（三）接收方式

1. 自动接收

只有具有自动接收功能的传真机才能按下述方式操作，具体过程如下。

（1）电话铃响一次，机器自动启动，液晶显示"Receive"接收状态或接收指示灯亮，表示接收开始。

（2）接收结束时，机器自动输出传真副本，液晶显示"Receive"消失或接收指示灯熄灭。

（3）机器自动回到"准备好"（Ready）状态。

2. 人工接收

具体操作步骤如下。

（1）使机器处于"准备好"（Ready）状态。

（2）当电话铃响后，拿起话筒手柄与对方通话。

（3）通话结束后，按发放要求，按"启动键"（Start），开始接收。

（4）挂上话筒。

（5）若接收出差错或质量不好，可与发方联系，要求重发，直至得到满意的传真副本。

（四）传真业务注意事项

1. 对文件原稿的要求

凡出现下列情况之一的文件原稿都不能使用。

（1）大于技术规格规定的最大幅面的文件原稿。

（2）小于最小幅面（两侧导纸板之间的最小距离），或者小于文件检测传感器所能检测到的最小距离的文件原稿。

（3）有严重皱褶、卷曲、破损或残缺的文件原稿。

（4）过厚（大于 0.15 毫米）或过薄（小于 0.06 毫米）的文件原稿。

（5）纸上有大头针、回形针或其他硬物的文件原稿。

总之，若将不符合要求的文件原稿进行传输的话，则会在传真过程中出现卡纸、轧纸、撕纸等故障，所以要特别注意。

2. 放置文件原稿

（1）一次放置的文件原稿页数不能超过规定页数。

（2）文件原稿面的朝向（朝上或朝下）须符合说明书的要求。

（3）发送多页文件原稿时，两侧要排列整齐，靠近导纸板，前端要摆成楔形。

3. 发送操作时的几点注意事项

（1）按下"停止"（Stop）键，发送马上停止，这时卡在传真机中的文件原稿不能用手强行抽出，只能掀开盖板取出。

（2）在发送报文期间，不允许强行抽取文件原稿，否则会损坏机器和文件原稿。

（3）当出现文件原稿阻塞时，要先按"停止"（Stop）键，然后掀开盖板，小心取出文件原稿。若文件原稿出现破损，一定要将残片取出，否则将影响机器的正常工作。

任务实施

步骤一：小组分工，解读任务。

教师导入"任务情境"；进行班级学生分组，以 4～6 人为一组，每组选出组长；全体学生解读"任务要求"。

步骤二：小组合作，讨论、完成任务。

小组成员通过学习"知识准备"，结合前面所学的物流客户服务相关知识，可上网查询电话接听礼仪、传真使用等资料。

步骤三：展示成果，共同交流分享。

各小组轮流展示讨论成果，其他小组进行观摩学习。结合任务，以标准的电话接听礼仪按流程完成电话订单业务，按标准的传真发送格式给对方发送传真。

步骤四：总结评价，记录提升。

各小组先对展示成果进行自评，然后小组互评，最后教师点评，每人完成"物流客户电话、传真业务处理评价表"（见表2-4）。

表2-4　物流客户电话、传真业务处理评价表

被考评人						
考评内容	任务二　物流客户电话、传真业务处理					
考评标准	内容	分值	自我评价 20%	小组评价 30%	教师评价 50%	综合评价
	查阅资料的内容正确、完整	20				
	参与讨论的积极性	20				
	有团队合作精神	20				
	项目任务完成情况	40				
	总分	100				
技能星级						

注：技能星级标准如下。

★：在教师的指导下，能部分完成某项实训作业或项目。

★★：在教师的指导下，能全部完成某项实训作业或项目。

★★★：能独立地完成某项实训作业或项目。

★★★★：能独立较好地完成某项实训作业或项目。

★★★★★：能独立并带动本组成员较好地完成某项实训作业或项目。

知识巩固

一、填空题

1. 如果通话结束，一般由_____先挂。

2. 电话打通后应先自报家门，首先通报_____。

3. 电话礼仪及技巧要求做到_____、_____、_____和_____。

4. 按照收发传真对象的不同，传真一般分为_____和_____。

5. 按照表述方式不同，传真一般分为_____和_____。

二、判断题

1. 接听电话时为了方便本地客户，应该使用地方话。　　　　　　　　（　　）

2. 如果通话结束，一般由对方先挂，确定对方已挂断电话后才挂断自己的电话。（　　）

3. 接听电话时铃响五声之内接起电话。　　　　　　　　　　　　　（　　）

4. 发传真时经常用英文简写，如收件人用"FM"表示，发件人用"TO"表示，抄送用"CC"表示。　　　　　　　　　　　　　　　　　　　　　　　　　　　（　　）

5. 公司发送传真对文件原稿没有什么要求。　　　　　　　　　　　（　　）

三、简答题

1. 简述电话业务受理流程。

2. 接听电话有哪些要求？

3. 简述传真业务受理流程。

4. 处理传真业务有哪些注意事项？

5. 情境设计：假如你是物流公司的客户接线员，现有一客户打来下订单的电话，客户所处的位置不在你服务的范围内，但是又坚持要你服务，请问你如何接听这个电话？

拓展提升

六个你正在犯的客户服务错误及其修复方法

很多企业都非常重视寻找提高客户服务的方法，却往往忽视身边发生的客户服务错误。下面列举六种客户服务需要避免的错误及其修复方法。

1. 响应，但不是主动的

根据 New Voice Media 的报告，44% 的客户换供应商是因为他们觉得失望。对企业来说，更经济的战略是留住现有客户，而不是简单地吸引新客户——这就是任何旨在保持你目前客户的战略更容易取得成功的原因。

修复方法：提供积极主动的客户服务。不仅是当客户服务的问题出现时才去处理，而是要引入奖励现有客户的策略，展示对他们的关怀，提高他们的整体体验，如客户忠诚度计划和定期反馈的请求。

2. 忽视员工敬业度

客户服务的好坏很大程度上取决于服务提供者，然而数量惊人的企业却往往忽略了这个重要的真理。事实上，根据一项对 200 000 名员工的调查，发现面向客户的员工的敬业度明显低于那些在管理职位上的人。有了这样的数字，客户服务水平不高也就不足为奇了。

修复方法：在增加员工敬业度的项目上投资。例如，越来越多的企业利用游戏化工具来激励员工，其目的是促进员工的工作积极性。

3. 语气不对

员工也是人，和其他人一样态度时好时坏。尽管如此，员工在进行客户服务时，采用正确的语调是一定要坚持的。如果客户认为他们受到怠慢，那么这个坏口碑将被口口相传。事实上，在一项研究中人们发现，当解决问题和提供补偿时，只是一个简单的道歉就会使客户满意度从 37% 翻倍升至 74%。

修复方法：企业要聘用适合承担客户服务角色的员工，并对其提供全面的培训和持续的职业发展规划，以锻炼员工的人际沟通能力和社交智慧水平，使员工能调整自己的语气来满足每个客户的个人需求和期望。

4. 令人沮丧的电话

在寻求客户服务时，大多数的客户更喜欢和一个真正的人说话，但是许多客户还是不愿通过打电话来寻求客户服务，这是为什么呢？研究发现，48%的客户讨厌在线等待，39%的客户不喜欢多个客服座席人员不断地重复相同信息。

修复方法：投资一个系统，使客户能够联络到你并输入必要的信息，然后由客户服务部门来满足他们的需求。这种做法最大限度地减少了客户在线等待时间，减少了在多个客服座席人员之间的转接，从而提高了客户满意度。例如，交互式语音应答（IVR）软件可以为客户提供更有效的自助式服务。

5. 忽视全渠道

客户希望能够用他们喜欢的任何方式联络企业——无论是面对面、通过电话或电子邮件，还是通过社会化媒体或使用即时聊天工具。如果你不能提供有效的综合客户服务渠道，你的客户会感到不快。

修复方法：采用一个全渠道解决方案，允许客户以他们喜欢的方式访问你的企业，并使客服座席人员可以详细地检索到客户的个性化信息，无论客户使用了哪个渠道。

6. 不记得你的客户

个性化客户服务不再是一种可以奖励行为，而是企业的最低要求。客户认为客服座席人员理所当然地知道他们是谁且可以在瞬间就访问到他们的相关信息，如个人信息、账户历史和过去的活动行为等。

修复方法：达到客户服务所需的标准，投资有效的客户关系管理（CRM）技术是至关重要的。

> 请你从消费者角度谈一谈当前物流企业客户服务还存在哪些问题。从物流企业出发，请你提出相关的解决办法。

任务三　物流客户网上业务处理

📖 任务情境

随着网络经济的飞速发展，企业也开始通过互联网开展业务。张文所在的公司也开通了网上业务。他由于电话订单业务处理得较好，被调到了在线客服中心。在线客服业务具有独特的特点，需要不一样的处理技巧。张文该如何处理网上业务呢？

任务要求

请通过学习任务三，完成以下任务。

（1）将班级分成若干小组，以小组为单位，结合网络信息资源，针对该任务情境，制定网上业务处理流程。

（2）了解网上客户信息。

（3）掌握对电子邮件的处理。

（4）各小组进行角色扮演，并进行小组自评、小组互评、教师点评。

知识准备

一、网上业务受理流程

（一）物流公司的网上业务内容

为充分运用网络资源，提供更人性化的服务，落实"以客户为中心"的经营理念，目前多数物流公司都开展了网上业务。图 2-3 展示了某物流公司的网上业务界面。

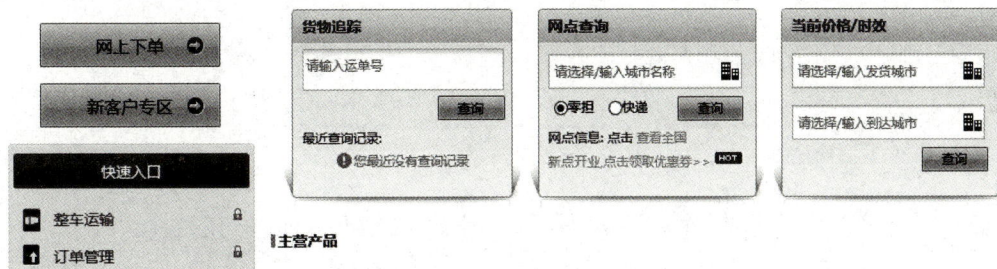

图 2-3　网上业务界面

一般网上业务内容包括以下几项。

（1）网上订单查询。

（2）网上在线留言处理。

（3）信息发布（见图 2-4）。

（4）客户信息反馈处理。

（5）电子邮件处理及回复。

（6）网上订单处理。

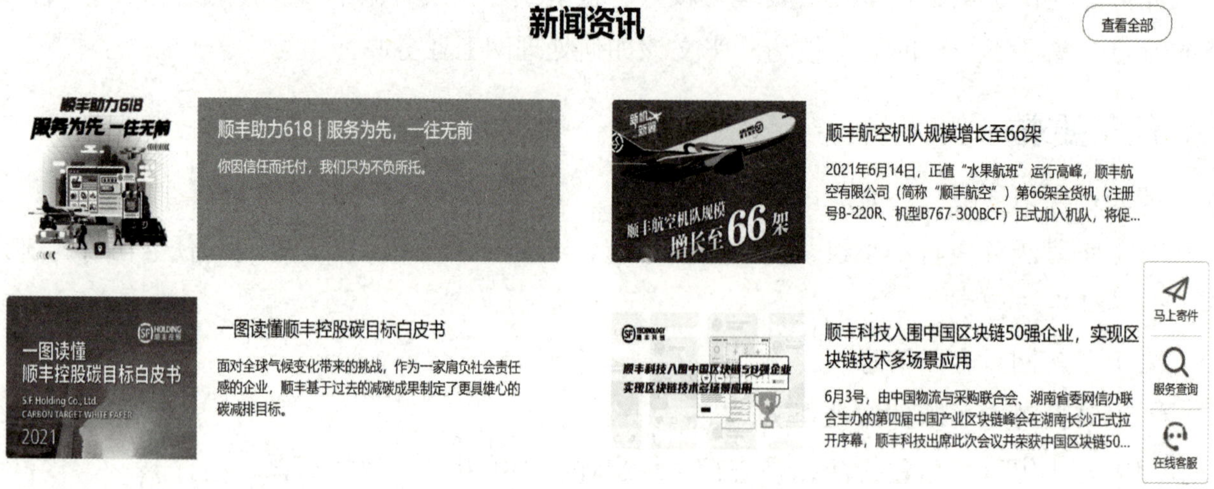

新闻资讯

查看全部

图 2-4　信息发布

（二）一般网上业务受理流程

（1）客户在物流公司所属页面上找到相应业务受理栏，单击要申请的业务。

（2）客户填写及提交相应的信息，并确保所填信息真实无误、详细。

（3）物流公司客服人员将接到客户的请求进行审核后转入内部处理流程。

（4）客服人员对客户请求进行回复及处理。

讨论

请结合你的某次网上业务办理经历，谈一谈这家物流公司网上业务受理流程，并结合所学的物流客户服务知识提出相关建议。

（三）网上在线客服业务受理流程

在物流公司官网上单击"在线客服"按钮，出现在线客服界面（见图 2-5），然后根据需要和在线客服人员进行对话即可。下面介绍张文通过在线客服（智能客服）帮助张先生下单的例子。

张先生：你好，请你帮我发一个快件到上海。

张文回复：好的，请问怎么称呼您？请告诉我您的取货地址和要发的物品。

张先生：我叫张彬，地址×××，物品×××，货物重×××，发到×××。

图 2-5　在线客服界面

张文回复：请问您的电话号码是多少？我们什么时候可以去取货？

张先生：现在就可以，我的电话号码是 ×××××。

张文回复：好的，我们 1 小时内到您那里取件，请问您还有什么需要帮忙的吗？

张先生：没有了，谢谢。

张文回复：感谢您使用我们公司的在线服务，再见。

张文立刻将客户的信息提交到下单系统，这样系统自动分配取件任务给取件员。

> 智能客服就是将人工和机器人结合起来，机器人负责回答重复性问题，而人工的任务是解答机器无法解答的个性化问题。

二、网上客户信息回复

（一）网上客户信息回复的含义

为了方便客户，大多数物流公司的网上业务都开通了客户信息反馈一栏。客服人员每天要负责及时回复用户发过来的信息，这一业务即为网上客户信息回复业务。

（二）网上客户信息回复注意事项

（1）判断客户的问题类别，根据公司所要求的样板信息回复。

（2）信息回复要及时。

（3）重要客户及突发问题要及时上报上级领导。

（4）汇总客户信息。

三、电子邮件处理及回复

（一）客户电子邮件处理

电子邮件是与客户交流的重要工具（见图2-6）。通过网络的电子邮件系统，用户可以用非常低廉的价格，以非常快速的方式（几分钟之内可以发送到世界上任何指定的目的地）与世界上任何一个角落的网络用户联系，这些电子邮件可以是文字、图像、声音等各种形式的。同时，用户可以得到大量免费的新闻、专题电子邮件，并实现轻松的信息搜索。

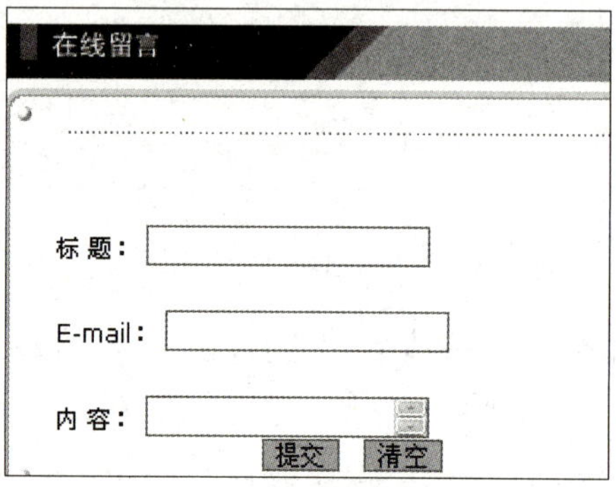

图 2-6 电子邮件业务

（二）正确回复客户电子邮件的注意事项

（1）电子邮件地址（收件人）要确认准确。

（2）电子邮件主题应明确、简洁。

（3）电子邮件内容注意事项。

① 称呼要使用尊称。

② 开头进行简单的自我介绍。

③ 主题内容文字应力求简明扼要，并达到沟通效果；字体一般用宋体，大小一般为10磅；一行文字数最多不超过30字。

④ 落款要清晰明了，注明发信者的身份。

（4）附件的使用。给客户的电子邮件如果需要使用附件，要确保附件已经添加和上传。

（5）发送电子邮件，重要的电子邮件要保存，并且给客户发出后要通过电话确认。

任务实施

步骤一：小组分工，解读任务。

教师导入"任务情境"；进行班级学生分组，以4～6人为一组，每组选出组长；全体学生解读"任务要求"。

步骤二：小组合作，讨论、完成任务。

小组成员通过学习"知识准备"，利用网络登录任意一家物流公司的网站，以客户的身份完成一批货物的托运业务。

步骤三：展示成果，共同交流分享。

各小组轮流展示讨论成果，其他小组进行观摩学习。

步骤四：总结评价，记录提升。

各小组先对展示成果进行自评，然后小组互评，最后教师点评，每人完成"物流客户网上业务处理评价表"（见表2-5）。

表2-5　物流客户网上业务处理评价表

被考评人						
考评内容	任务三　物流客户网上业务处理					
考评标准	内容	分值	自我评价 20%	小组评价 30%	教师评价 50%	综合评价
	查阅资料的内容正确、完整	20				
	参与讨论的积极性	20				
	有团队合作精神	20				
	项目任务完成情况	40				
总分		100				
技能星级						

注：技能星级标准如下。

★：在教师的指导下，能部分完成某项实训作业或项目。

★★：在教师的指导下，能全部完成某项实训作业或项目。

★★★：能独立地完成某项实训作业或项目。

★★★★：能独立较好地完成某项实训作业或项目。

★★★★★：能独立并带动本组成员较好地完成某项实训作业或项目。

知识巩固

一、填空题

1. 物流公司的网上业务内容一般包括_____。

2. 为了方便客户，大多数物流公司的网上业务都开通了____一栏。

3. _____是与客户交流的重要工具，也是用户可以采取的价格最低廉、速度最快的方式。

二、简答题

1. 简述一般网上业务受理流程。

2. 网上客户信息回复有哪些注意事项？

3. 简述客户电子邮件处理。

4. 客户电子邮件处理有哪些注意事项？

5. 情境设计：假如你是物流公司的网上在线客服人员，现有某个客户发来询问你物流公司服务内容的信息，请给予回复。

拓展提升

中国联通打造"AI+客服"行业新标杆

客服系统是企业与客户最直接的交流窗口。近年来，中国联通为打造高效、敏捷、透明、创新、智慧的高品质服务，提升客户体验和满意度，携手百度智能云共同建设一套智能化、集约化、一站式的智慧客服新体系。

作为运营商行业领先的大规模 AI 商业化实践，中国联通智慧客服项目助力创新 AI 智能服务新标准。这个新标准已成为联通服务体系的竞争力之一，并助力企业数字化、智能化服务转型。

一、智慧客服，实现企业与用户"双赢"

中国联通软件研究院智慧客服团队与百度智能云团队强强联合，打造了 10010 热线、互联网在线等多渠道 7×24 小时智能机器人客服系统，通过 NLP（自然语言理解）、知识图谱、人机交互、深度学习等技术，实现"一点对接互联网人工智能平台，打造集约化智慧客服"的建设目标，释放人力资源，降低人工成本，让服务更精准，让企业更高效。

目前，中国联通智慧客服体系已建成西咸、无锡两大数据中心，石家庄、济南、成都、韶关四大区域话务中心，累计完成 25 省份客服集约化工作，用户意图识别率达 95%，智能自助服务占比为 81.5%，客户评价满意度达 90%，服务滚动成本下降 26.8%，用户等待时长减少 70%，为用户提供更贴心、更便捷、更智能的服务新体验。

二、AI、大数据深度赋能，助力企业数字化服务转型

中国联通软件研究院与百度智能云签订战略合作协议，成立 5G+AI 联合创新实验室，打造了智能客服助手、智能质检等多项解耦型、可对外赋能的产品。深耕数据挖掘与 AI 分析技术，精准刻画用户画像，准确识别用户意图，实现在服务中精准营销，在营销中用心服务，进一步提升服务质效，防范服务风险，打通全场景服务地图，实现服务营销一体化。

三、强强联手，打造 AI 智能行业新生态

中国联通软件研究院携手百度智能云共同打造了一套理论与实践相结合、多维一体的 AI 培训及选拔体系，覆盖 AI 技术、AI 产品、机器人优化运营等方面。部分客服座席人员转型 AI 训练师，运用自身业务知识不断提高机器人与用户的交互体验，实现业务与人工智能的便捷耦合，形成数据驱动、人机协同的开放型 AI 生态体系。

百度智能云客服解决方案，现可为企业提供包括智能对话、智能知识库、运营工具等在内的全栈式解决方案，已为 30 000 多家企业客户提供服务，覆盖金融、能源、运营商、交通等多个行业，积累了较为丰富的业务运营经验。

在服务行业智能化变革潮流下，中国联通和百度智能云将持续进行全栈 AI 能力与全客服业务场景的深度融合创新，探索云呼叫中心、开放 AI 生态体系等前沿领域，为通信行业乃至整个服务行业的数字化升级提供更多有益经验。

资料来源：人民网。

项目三

物流客户投诉处理

项目目标

❖ 掌握物流客户投诉的定义和内容;

❖ 了解受理物流客户投诉的主要方式;

❖ 了解物流客户投诉的处理原则;

❖ 灵活运用物流客户投诉处理的流程和技巧;

❖ 灵活掌握物流客户投诉后的服务跟进。

任务一　受理物流客户投诉

任务情境

柳州有位李女士。她居住在湖北的女儿、女婿为尽孝心，委托某货运公司托运了苹果和梨子各一箱给她。李女士按原定的到货时间致电该货运公司，而货运公司在电话中称货物尚未运到。事隔多天后，该货运公司通知李女士，说水果已经到达柳州。李女士前往柳州货运站取货，却发现两箱水果残缺不全，一箱苹果剩1/2，一箱梨子剩1/3。该货运公司的经理称："水果在运输保管途中因气候原因变质、腐烂，尚好的部分让工人吃掉了，所以只剩下这些了。"李女士非常生气，向该货运公司客户部投诉。如果你作为物流客户服务人员，现在应如何受理该客户的投诉。

问题：

（1）此案件出现客户投诉的主要原因是什么？如何落实差错责任呢？

（2）如何才能避免以后再出现类似的投诉案件？

根据所学知识，请谈谈物流客户投诉的原因有哪些类型，本案件客户投诉的原因是什么，物流客户投诉的方式有哪些，本案件的客户采用的是哪种投诉方式。

任务要求

请通过学习任务一，完成以下任务。

（1）将班级分成若干小组，以每组为单位，结合网络信息资源，针对该任务情境，查询快递行业的服务章程等相关信息，尝试模拟受理客户电话投诉及受理现场投诉的不同情境。

（2）学习客户投诉的概念并分析客户投诉的原因。

（3）学习受理客户投诉的主要方式，掌握受理人员应有的素质。

（4）各小组进行角色扮演，并进行小组自评、小组互评、教师点评。

知识准备

一、物流客户投诉概述

（一）物流客户投诉的定义

众所周知，服务措施、服务水平做得再好，也难免会出现物流客户投诉的情况。提高物流客户服务水平，尽量减少物流客户投诉是每个物流企业追求的目标。

物流客户投诉是指物流客户对物流服务感到不满意，从而向物流企业有关部门申诉的一种行为。

（二）物流客户投诉的原因

物流企业在为物流客户服务的过程中，造成物流客户投诉的原因是多方面的，基本原因概括起来大体可以分为以下几个方面。

1. 服务态度

物流客户服务人员答复行为不负责任，如冰冷的服务态度、爱理不理的接待方式等。

2. 服务质量

（1）送货送错或送迟，运输途中车子发生故障。

（2）服务水平达不到收货方的要求，与承诺的服务标准不符。

（3）对货物运输过程监控不利，导致运输过程中发生货物丢失、货物包装破损、货品发生破损、货物变差或变质及地址弄错等现象（见图3-1）。

（4）舱位无法保障。

（5）送（提）货时不能按物流客户要求操作。

（6）结算方式与合同不符。

（7）收费重量有误。

（8）结算价格与所报价格有差别。

（9）结算单据未及时返回及单据开错等现象。

图 3-1　货品发生破损的投诉

（10）物流客户服务人员对物流业务的知识和技术不够了解。

（11）物流客户服务人员缺乏相关常识及对物流客户的问题解释不清。

（12）对物流客户的初次不满处理不当，造成二次投诉。

3. 物流客户自身的原因

（1）物流客户对物流企业经营方式及策略不认同。

（2）物流客户对物流企业的要求超出物流企业对自身的要求。

（3）物流客户对物流企业服务的衡量尺度与物流企业自身的衡量尺度不同。

（4）物流客户由于自身素质、修养或其他个人原因，对物流企业提出过高要求而无法得到满足。

4. 不可抗力因素

由于不可抗力因素，如天气、战争、罢工、事故等所造成的延误、损失。

（三）物流客户投诉的内容

物流企业因其特殊性决定了在日常业务操作中会有物流客户投诉。如何处理物流客户投诉并将物流客户投诉转为营销活动，即通常所说的危机公关，自然就成为物流企业共同关注的话题。物流客户投诉的内容因提供的产品或服务的不同而不同，因承诺达到的标准不同而不同。物流客户投诉的内容主要包括如下。

1. 合同投诉

合同投诉即订单投诉，是指在执行过程中，没有按合同中所规定的数量、质量、规格、价格、时间、地点、方式等执行而给对方造成一定的影响和损失，从而提出解决要求。由于有合同依据，合同投诉解决起来较为容易。作为物流企业，若的确没有按合同规定提供产品或服务，应主动解决。

2. 质量投诉

质量投诉主要因产品质量不好、规格不好、技术不符合标准、故障等引起。质量投诉的主要依据有国家标准、行业标准、协议约定标准等。

3. 服务投诉

服务投诉主要是指对服务质量、态度、方式、技巧方面的投诉。

4. 物流服务环节投诉

物流服务环节投诉是指在物流服务过程中，因环节的衔接、影响等造成商品损失，从而引起物流客户不满的投诉。

（四）有效处理物流客户投诉对物流企业的意义

有效处理物流客户投诉对物流企业发展的意义主要有三点。

（1）挽回物流客户对物流企业的信任。

（2）有效地维护物流企业自身的形象。

（3）及时发现问题并留住物流客户。

物流客户投诉是联系物流客户和物流企业的纽带，是一条很重要的信息通道。有效处理物流客户投诉可以使物流企业获得良好口碑。如果一家物流企业能有效地处理物流客户投诉，就会提高物流客户的满意度，从而把物流客户投诉给物流企业带来的不良影响降到最低，挽回物流客户对物流企业的信任，有效地维护物流企业自身的形象，及时发现问题并留住物流客户，最终促成物流客户对物流企业的长期忠诚。

二、受理物流客户投诉的主要方式

受理物流客户投诉的方式主要包括以下几种。

（一）电话投诉

物流客户通过物流企业呼叫中心的电话投诉热线进行投诉，而呼叫中心的投诉受理人员进行现场解答或事后处理物流客户的投诉。这是一种便捷的投诉方式，体现了快捷、高效、经济的特点，但由于双方看不清彼此的表情、动作，因此很容易给投诉处理造成障碍。针对电话投诉，需要做到的基本工作包括从电话中确切了解事情的基本信息；利用规范的声音及

语气体现对物流客户不满情绪的支持；如有可能，把电话内容录音存档，特别是涉及特殊纠纷的投诉事件（见图 3-2）。

图 3-2 电话投诉

（二）信函投诉

有些物流客户会选择信函投诉的方式。由于写信是一个较长时间才能完成的事情，因此物流客户会以一种经过深思的方式真实地反映整个事件。在收到物流客户投诉信时，应立即送给相关负责人员；同时通知物流客户已收到信函，以表现出企业诚恳的态度和解决问题的意愿；尽快给出解决方案，并告知物流客户。

（三）现场投诉

部分物流客户倾向于现场投诉，认为这样可以发泄心中的怒气并能把问题说得更清楚。现场投诉给了物流企业最好的扭转局面的机会，因为物流客户就在眼前，只要采用了正确的应对方式，物流客户就会满意而去，而不像上面两种方式存在诸多问题。处理现场投诉要注意的是，将物流客户请到远离人群的地方，以免影响到其他物流客户；不能中途不告知就离开位置，让物流客户等候；按照物流公司规定处理物流客户的投诉；不能立即解决的应该给出处理的期限；谨慎使用各种应对语，避免再次触怒物流客户；对再次提出投诉的物流客户，应该给予更好的招待等。

（四）电子邮件或短信投诉

网络带来很多的投诉便利，一些物流企业专门建立了处理物流客户投诉的电子邮箱和短信平台，大大节省了物流企业和物流客户投诉的成本，物流企业也能较方便地提取信息，从而解决问题。

（五）网络受理物流客户投诉

物流客户可以通过物流公司的网站直接向物流企业投诉。这是一种便捷的投诉方式，也是受理物流客户投诉的一个发展方向和趋势。图 3-3 所示为顺丰速运公司的网络投诉渠道。

（六）专业投诉站受理物流客户投诉

物流客户服务部现有的物流客户服务人员受主客观条件的限制，解决一些专业性强、科技含量高的投诉困难较大。因此，可以通过成立专业投诉站的方式来解决专业投诉问题。这种投诉方式专业性强，对物流客户服务人员的专业技能要求较高。

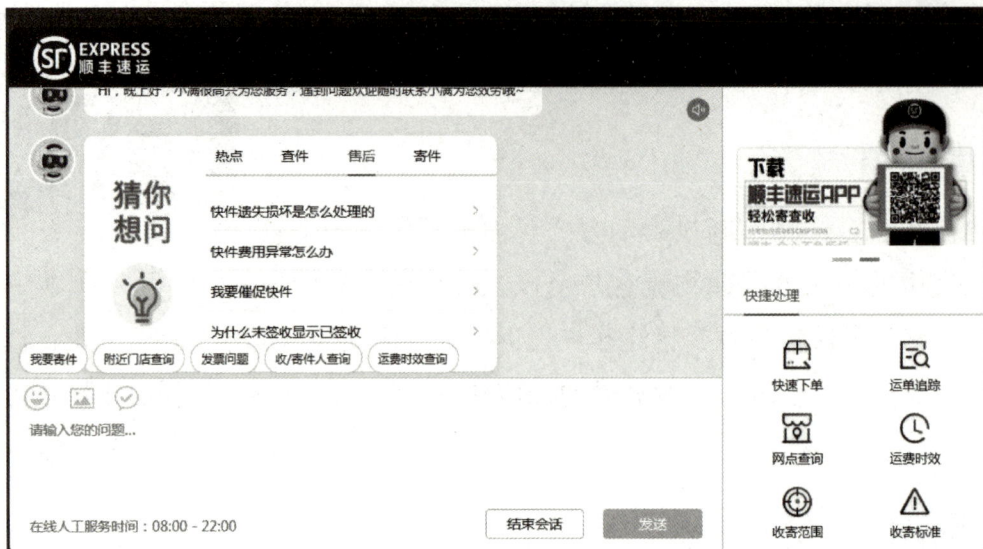

图 3-3　顺丰速运公司的网络投诉渠道

三、投诉受理人员的基本素质和态度

（一）投诉受理人员的基本素质

投诉受理人员应该具有以下几方面的基本素质。

（1）个人修养：尊重为本、谦虚诚实、宽容、诚信、勇于承担责任、有强烈的集体荣誉感。

（2）心理素质：积极的心态、灵活的应变力、挫折承受力、自我情绪控制。

（3）专业素质：熟练的专业技能、优雅的沟通表达技巧、思维敏捷、具备对客户的洞察力。

（4）综合素质：独立的处理能力、各种问题的分析解决能力、人际关系的协调能力。

（二）投诉受理人员的态度

投诉受理人员应该具有如下态度。

（1）微笑服务：让物流客户感受我们的微笑，让我们的服务给客户以愉悦的心情。

（2）客户平等：无论物流客户大小，用同样的热情，给客户以满意的服务。

（3）客户至上：客户是我们的朋友，真诚地为客户解决服务中出现的问题。

（4）换位思考：学会站在客户的角度考虑问题，感受客户的体会，以提高我们的服务质量。

（5）重视细节：细节决定成败，洞察客户关注的细节，以提升客户满意度。

四、受理投诉的技巧

投诉是客户因产品或服务质量没有达到期望值而提出不满意的表现。受理投诉，则是企业对过失或瑕疵的一种弥补措施，也是提高客户满意度的一个重要途径。客户的素质和期望不同，投诉的原因也不尽相同，但投诉的目的不外乎两种：精神上得到补偿，如希望受到重视和尊敬，发泄心中的不满；物质上得到补偿，如希望得到更多的高效服务。要想成功地处理客户投诉，先要找到最合适的方式与客户进行交流。

（一）认真倾听，弄清原委

保持谦虚的态度认真听取客户的叙述，全面了解客户所投诉的事情或问题，听明白客户在投诉什么，为什么要投诉。倾听时要注视客户，不时地点头示意，让对方明白你在认真听取和对待他所提出的意见。边听边做好记录，以示对客户的尊重和对所反映问题的重视。

"让我看一下该如何帮助您，我很愿意为您解决问题。"

（二）表示理解，不与争辩

倾听完毕，可以对客户说："我理解您现在的心情，我们一定会认真核实并处理这件事情。"当客户情绪激动时，更要保持平和的心态和语气，绝不能与客户争辩对错。当客户的认识和理解有误时，不宜当场纠正，更不能责怪客户。应站在为什么会使客户产生误会的角度，从自身工作上找原因。

1. 认同客户的感受

客户在投诉时会表现出烦恼、失望、泄气、愤怒等各种情绪，客户服务人员不应当把这些表现理解成对个人的不满。客户的这些负面情绪是完全有理由的。客户的投诉理应得到极大的重视和最迅速、合理的解决，并要让客户知道你非常理解他的心情、关心他的问题。

2. 安抚和解释

客户一般不会无理取闹，要站在客户的角度想问题。对于客户反映的问题，要先想一下，如果自己遇到这个问题会怎么做、怎么解决。这时，如果客户服务人员跟客户说"我同意您的看法""我也是这么想的"，那么客户会感觉到你是在为他处理问题，同时也会让客户对你产生更多的信任。要和客户站在同一个角度看待问题，如跟客户说"是不是这样子的呢""您觉得呢"。另外，在沟通的时候，称呼也是很重要的。一个客户服务人员对同事要以"我们"来称呼，和客户也可以用"我们"来说，"我们分析一下这个问题""我们看看……"这样会显得更亲近，对客户也要以"您"来称呼，不要一口一个"你"，这样既不专业，也没礼貌。

（三）理解客户

从思想上认识到客户向你投诉不是找你的麻烦，而是对你信任的表现。要把客户的投诉当成促进个人提高业务素质、促进企业提高服务和管理水平的一种载体，发自内心地欢迎和感谢客户的批评和抱怨。受理投诉后，应向客户表示："这确实是我们工作的疏忽，给您带来的损失，我们一定会想办法弥补。非常感谢您给我们提出的宝贵意见。您指出了我们服务中的差错和不足，帮助我们及时发现并纠正这些差错和不足。"

1. 诚恳地道歉

不管是什么样的原因造成客户的不满，都要诚恳地向客户致歉，对因此给客户造成的不愉快和损失道歉。如果已经非常诚恳地认识到自己的不足，客户一般也不好意思继续不依不饶。

2. 提出补救措施

对于客户的不满，要能及时提出补救措施，并且明确地告诉顾客，让顾客感觉到你在为他考虑，为他弥补，并让他感受到你很重视他的感觉。一个及时有效的补救措施，往往能让客户的不满变成感谢和满意。

另外，我们有时候会在道歉时感到不舒服，因为这似乎是在承认自己有错。其实，"对不起"或"很抱歉"并不一定表明自己或公司犯了错，而是主要表明自己对客户不愉快经历的遗憾与同情。不用担心客户因得到你的认可而越发强硬，认同只会将客户的思绪引向解决方案。同时，也可以运用一些方法来引导客户的思绪，化解客户的愤怒。

（1）"何时"法提问。一个正在气头上的发怒者无法进入"解决问题"的状态，客户服务人员要做的首先是逐渐使对方的火气减下来。对于那些非常难听的抱怨，应当用一些"何时"问题来冲淡其中的负面成分。

客户："你们根本是瞎胡搞，不负责任才导致了今天的烂摊子！"

客户服务人员："您什么时候开始感到我们的服务没能及时替您解决这个问题？"

而不是采用不当的反应，如我们司空见惯的：

"我们怎么瞎胡搞了？这个烂摊子跟我们有什么关系？"

（2）转移话题。当对方按照他的思路不断地发火、指责时，可以抓住其中一些略为有关的内容扭转方向，缓和气氛。

客户："你们这么搞把我的日子彻底搅乱了，你们的日子当然好过，可我还上有老下有小啊！"

客户服务人员："我理解您，您的孩子多大啦？"

客户："嗯……6岁半。"

（3）间隙转折。暂时停止对话，特别是自己也需要找有决定权的人做一些决定或变通。

"请稍候，让我来和高层领导请示一下，我们还可以怎样来更好地解决这个问题。"

（4）给定限制。有时虽然做了很多尝试，对方依然出言不逊，甚至不尊重自己的人格，这时可以转而采用较为坚定的态度给对方一定限制：

"汪先生，我非常想帮助您。但是，如果您一直这样情绪激动，我只能和您另外约时间了。您看呢？"

任务实施

步骤一：小组分工，解读任务。

教师导入"任务情境"；进行班级学生分组，以4～6人为一组，每组选出组长；全体学生解读"任务要求"。

步骤二：小组合作，讨论、完成任务。

小组成员通过学习"知识准备"，了解物流客户投诉的基础知识后，可上网查询相关资料，了解相关物流公司的客户服务程序和处理投诉的一般流程等信息。

步骤三：展示成果，共同交流分享。

各小组轮流展示讨论成果，其他小组进行观摩学习。

步骤四：总结评价，记录提升。

各小组先对展示成果进行自评，然后小组互评，最后教师点评，每人完成"受理物流客户投诉评价表"（见表3-1）。

表3-1　受理物流客户投诉评价表

被考评人						
考评内容	任务一　受理物流客户投诉					
考评标准	内容	分值	自我评价 20%	小组评价 30%	教师评价 50%	综合评价
	查阅资料的内容正确、完整	20				
	参与讨论的积极性	20				
	有团队合作精神	20				
	项目任务完成情况	40				
	总分	100				
	技能星级					

注：技能星级标准如下。

★：在教师的指导下，能部分完成某项实训作业或项目。

★★：在教师的指导下，能全部完成某项实训作业或项目。

★★★：能独立地完成某项实训作业或项目。

★★★★：能独立较好地完成某项实训作业或项目。

★★★★★：能独立并带动本组成员较好地完成某项实训作业或项目。

知识巩固

一、填空题

1. 物流客户投诉的内容主要包括_____、_____、_____、_____。

2. 物流客户投诉是指客户在_____或_____时，感到不满意，向物流企业有关部门申诉的一种行为。

3. _____投诉指在物流服务过程中，因环节的衔接、影响等造成商品损失，从而引起物流客户不满的投诉。

4. 投诉受理人员应该具有_____、_____、_____、_____四方面的基本素质。

5. 投诉受理人员应该具有的心理素质体现在：积极的心态、_____、挫折承受力、_____。

6. 投诉受理人员应该具备的态度包括微笑服务、_____、客户至上、换位思考、_____。

二、判断题

1. 受理投诉的客服人员应具备独立的处理能力、各种问题的分析解决能力、人际关系的协调能力等综合素质。　　　　　　　　　　　　　　　　（　　）

2. 客户对企业服务的衡量尺度与企业自身的衡量尺度不同也有可能造成投诉，对于这种投诉，要尽量满足其要求。　　　　　　　　　　　　　　　（　　）

3. 对客户的初次不满处理不当，有可能造成二次投诉。　　　　　（　　）

4. 客户服务人员对物流业务的知识和技术不够了解、缺乏相关常识及对物流客户的问题解释不清是属于服务态度不正确造成的投诉。　　　　　　　　（　　）

三、简答题

1. 简述造成物流客户投诉的原因。

2. 受理物流客户投诉的方式主要包括哪些？

3. 简述受理物流客户投诉的技巧。

4. 有效处理客户投诉对企业发展的意义主要有哪几点？

拓展提升

TNT 公司重视投诉

TNT 公司是一家全球顶级的快递与物流公司，并把处理投诉作为一项任务。TNT 公司拥有一个全球范围的报告系统，无一例外地显示出所有的失败细节，并且每周深入跟踪并分析原因，帮助发现在包裹传送系统中关键性的不满意问题。TNT 公司接受了美国技术调研机构的调查研究，结果证明，如果 TNT 公司收到一份投诉，那么可能存在 27 份没有表达的抱怨。中国香港地区总裁霍尔采取全面评价所有失败的态度表示："不光只看收到的抱怨，要从沉默的 27 人中争取更多的顾客。"各经理人将从本公司找出的总体缺失转为适合各部门改进的个别资料，进而定义出员工应采取何种明确行动以求改进。

TNT 公司是如何获得这一点的呢？TNT 公司成立了一个强有力的员工小组，而他们竭尽全力使顾客满意。他们这样做是为了把顾客放在首位，向本公司每位员工强调要反映顾客投诉的问题，而且授予员工处理投诉的权利并要求他们每周对投诉的数量进行追踪，但不以降低投诉数量为目标。

霍尔曾经询问一名雇员他的工作是什么，员工回答道："运货小弟"。这名员工 53 岁，他认为把自己看作小弟更能发现顾客的需求。因此，霍尔将"运货小弟"变为"质量服务代表"。霍尔为这些新产生的质量服务代表设立目标，并为这项工作建立数量和质量方面的绩效考核系统。每年霍尔都会通过这个系统考核他们是否符合资格。

通过关注投诉数据，TNT 公司客户服务的水平显著提高，准时递送率提高到 96%，跨城快递准确率达到 97%，邮件丢失率下降了 78%，延误期下降了 86%，旷工率有了明显下降，大多数的质量服务代表开始为他们的表现和服务感到自豪，同时也降低了员工的流动率。总之，现在 TNT 公司在整个中国香港成千上万个邮件运输的准时率平均达到 96.4%。更值得一提的是，在实施计划后，TNT 公司的税前利润，在两年内提高了 81%。

TNT 公司充分证明了听取顾客投诉可以建立良好的市场连锁反应。

资料来源：[美] 珍妮尔 . 抱怨是金 [M]. 北京：北京师范大学出版社，2007.

讨论

> TNT 公司为什么要向本公司每位员工强调要反映客户投诉的问题呢？对于案例中提到了客户投诉，你认为物流公司在什么情况下会产生客户投诉呢？

任务二　处理物流客户投诉

任务情境

某物流公司承接了某大型连锁超市的物流配送业务。临近春节，该物流公司为连锁超市各门店配送一大批香烟。在某家门店，货运人员将一箱一万多元的大中华香烟卸下后，看到门店营业员很忙，说了一声货到了，并未监督将这箱香烟搬进门店，也没有按照配送流程及时完成交接手续，即自行离去。不久门店反映没有收到该箱香烟。连锁超市投诉该物流公司未按照合同要求完成配送任务，并索赔。

请你列出这件投诉的处理流程，并想想应该怎样处理才能让该物流公司保留住这个物流客户。

◎ 任务要求

请通过学习任务二，完成以下任务。

（1）将班级分成若干小组，以小组为单位，结合网络信息资源，针对该任务情境，尝试模拟物流客户投诉处理过程。

（2）了解物流客户投诉处理的原则、程序及方法。

（3）各小组进行角色扮演，并进行小组自评、小组互评、教师点评。

◎ 知识准备

一、物流客户投诉处理的原则

物流客户投诉处理是物流企业预防和减少物流客户投诉的内容之一。有效处理物流客户投诉，预防和减少物流客户投诉，应把握以下几项原则。

（一）有章可循

要有专门的制度和人员来管理物流客户投诉。另外，要做好各种避免物流客户投诉的预防工作。为此，须要不断地提高全体员工的素质和业务能力，树立全心全意为物流客户服务的思想，加强物流企业内外部的信息交流。

（二）倾听原则

耐心倾听物流客户的陈述，不得随意打断或表示不满。只有认真听取物流客户抱怨，才能发现其实质原因。一般的投诉物流客户多数是发泄性的，情绪都不稳定，一旦发生争论，只会火上浇油，适得其反。处理物流客户投诉的真正原则：开始时必须耐心倾听物流客户的抱怨，避免与其发生争辩，先听物流客户讲，然后对物流客户表示歉意。

（三）及时原则

当物流客户投诉出现后，物流企业必须采取相应行动。这是因为作为投诉物流客户来说，每个投诉者都希望他们的投诉举报信息发出之后，能得到及时快速的处理。为此，在接到物流客户投诉以后，我们一定要即事即办，对能当时解决的就当时解决，不能当时解决的，要在弄清原因后，给出物流客户投诉处理的时间承诺。之后，要尽快组织人员现场了解问题、收集信息、分析问题、解决问题，做到能快则快，切不可在接到物流客户投诉后以各种理由拖延处理时间或推卸责任，否则会进一步激怒投诉物流客户，使事情进一步复杂化。

（四）分清责任

物流企业不仅要分清投诉的责任部门和责任人，而且要明确处理物流客户投诉的各部门、各类人员的具体责任与权限，以及物流客户投诉得不到及时圆满解决的责任。

（五）留档分析

对每起物流客户投诉及其处理要做出详细的记录，包括物流客户投诉内容、处理过程、处理结果、物流客户满意程度等。通过记录、吸取教训、总结经验，为以后更好地处理物流投诉提供参考。

我们只有把握好物流客户投诉处理的基本原则，建立健全物流客户投诉处理工作机制，才能有效提高物流客户投诉处理的质量与水平，才能不断提高物流客户的满意度，促进物流企业平稳健康发展。

> 物流客户投诉处理水平的好坏，事关物流客户对物流企业的依存度、信任度、合作度！

二、处理物流客户投诉的程序

（一）受理登记

耐心仔细地倾听物流客户的投诉，并及时做好投诉记录（见表3-2），包括工作单号、客户名称、货物的品名、事故情况，破损货物外包装情况、损坏程度和涉及金额。

表3-2　物流客户投诉记录表

客户投诉记录卡	年　月　日
1. 投诉客户名称：	2. 地址：
3. 受理日期：	4. 受理编号：
5. 客户希望或要求：	
受理单位意见：	
质量管理单位：	
受理单位：	
营业单位：	

（二）现场拍照

对于货物破损的，要保护货物当时状态并及时进行拍照取证。

（三）事故调查

了解物流客户的基本情况，按照工作单号进行事故调查，分清是否由我方负责。

如果非我方责任，依据规定条款和相关法律知识及收集的证据，向物流客户做详细的解释和沟通。

如果确定是我方责任，查找业务环节出现的问题，结合信息系统中的记录，初步确定责任方。出现服务事故纠纷时，涉及单位一定要积极先对所属物流客户进行维护，并按照标准进行赔付。赔偿物流客户后，双方难以协调解决的问题，由总公司事故处理处根据对物流客户赔付的发票和相应的材料等为依据进行内部责任的裁定。

（四）搜集证据

根据证据的外在表现形式，诉讼法将证据分为七种：书证、物证、视听资料、证人证言、当事人陈述、鉴定结论和勘验笔录。目前，物流公司涉及的证据有以下几种。

（1）工作单。工作单用来证明运输关系存在和向收货人履行交付货物义务，所以工作单委托联也必须有委托人签字，签收联必须有收货人签字并返回委托方。

（2）航空、铁路、零担公司、网络公司等所有货物交接环节出具的事故情况说明和破损证明。所有这些说明和证明都要求加盖公章。

（3）运费结算账单。运费结算账单由物流客户签字盖章确认后留存，主要证明费用产生的事实。

（4）公路委托书及零担公司的货物托运单。该委托书及托送单用来证明与零担公司的运输关系存在。

（5）铁路及航空运单。铁路及航空运单用来证明与航空和铁路的运输关系存在。

（6）航空、铁路及零担公司出具的事故破损证明。

（7）保险登记表。保险登记表用来证明保险关系成立，可以进入保险理赔程序。

（8）事故说明。事故说明是当事人书写的真实详细情况，用以证明事实存在。

（9）照片。照片是现场对货物进行拍照的照片，用以证实货物的真实状态。

（五）确定处罚办法

根据《管理大纲》和《服务条例》规定判定责任方，并进行相应的处罚。

（六）执行

由总公司和各分公司投诉科确定责任方的责任和金额，填写事故处理表，交由财务进行网络对账、划拨、扣除和结款。

（七）存档

对事故进行评估和总结，并存档。

三、处理物流客户投诉的方法

（一）处理物流客户投诉的基本方法

1. 耐心倾听

耐心倾听是解决问题的前提，要成功处理物流客户投诉，要先处理物流客户的情绪，改变物流客户的心态。一个情绪激动的投诉者无法进入"解决问题"的状态，因此物流客户服务人员要逐渐使对方的情绪稳定下来，才能很好地处理投诉问题（见图3-4）。

图3-4 耐心倾听

2. 表示道歉

在听完物流客户的倾诉，消除物流客户的怨气后，物流客户服务人员要真诚地向物流客户表示道歉，如"对不起，发生这样的事，我真的很抱歉。""很抱歉我们让您感到失望了。""抱歉给您带来了不便。"很多物流客户服务人员在没有给物流客户解释细节的机会，且没有弄清事情真相，没有消除物流客户怨气，不知道为什么道歉的情况下，就开始道歉，这对物流客户来说是无效的。

正确的方法应该是在消除物流客户怨气后再向物流客户道歉。其实，"对不起"或"很抱歉"并不一定表明你或公司犯了错，而是主要表明你对物流客户不愉快经历的遗憾与同情，让物流客户知道企业对他的遭遇表示遗憾，企业很在意他的烦恼，使其感到自己反映的问题受到重视，人格受到尊重，这会让物流客户更加认同企业。

另外，道歉要恰当，不是无原则的道歉，要在保持企业尊严的基础上道歉。道歉的目的一是为了承担责任，二是为了稳定物流客户的情绪，换取物流客户的理解和信任，最终使投诉的物流客户成为满意的物流客户，从而留住物流客户。

3. 仔细询问，了解问题所在

要准确地了解物流客户所反映的问题，澄清所出现的问题，明确对方的谈话内容，将你所理解的问题重复一遍给对方听，如"您是不是说……"对于投诉的内容觉得不是很清楚的地方，要请对方进一步说明，但措辞要委婉。要做详细的投诉记录，翔实填写"物流客户投诉登记表"，便于参考解决问题方案的提出。

4. 提出解决问题的方案

物流客户服务人员在通过倾听并仔细询问将问题确认之后，要判断问题的严重程度及物流客户有何期望，找出合理的解决方法。不要轻易许诺，尤其是超出自己责权范围的承诺。如果物流客户不接受你的办法，询问他有什么提议或希望解决的方法，存在的争议在哪里，然后进一步协商解决，尽量满足物流客户要求。如果物流客户服务人员确实无法解决物流客户投诉，则立即报告给上层领导解决，以期圆满解决物流客户投诉；如果物流客户要求确实过分且经过努力无法满足其要求，则通过法律途径来解决物流客户投诉。

5. 执行解决方案

当双方都同意某个解决方案之后，就必须立即执行。如果是在物流客户服务人员权限内可处理的问题，就迅速利落、圆满地解决。若不能当场解决或是权限之外的问题，必须明确告诉对方不能立即解决的原因、处理的过程与手续，通知对方所需时间及经办人员的姓名，并且请对方留下联系方式，以便事后追踪处理。在物流客户等候期间，处理人员应随时了解投诉处理的过程，有变动必须立即通知对方，直到事情全部处理结束为止。

跟踪服务解决方案执行后，物流客户投诉解决者要通过追踪服务，向物流客户了解解决方案是否得到执行，是否有用，是否还有其他问题，以避免物流客户产生更大的不满或二次投诉。追踪服务可以强调公司对物流客户的诚意、打动物流客户和给物流客户留下深刻印象，进而留住物流公司的物流客户。

分析总结发生在物流客户投诉处理结束以后，物流企业还要全面加强对这起物流客户投诉事件的分析，尤其是对有效投诉的分析，并以此来改进工作方式，提高工作水平，加快企业发展。

（二）处理特殊物流客户投诉的方法

1. 易怒的物流客户

此类物流客户脾气比较暴躁。处理方法：针对这样的物流客户，要"以柔克刚"，多沟通，让物流客户知道自己的错，或者了解是什么原因造成的问题等，妥善地解决。这类物流客户最容易成为忠实的口碑传播者，所以我们不要吝啬自己温暖的语言和道歉。

2. 古怪的物流客户

此类物流客户性情难以琢磨。处理方法：由着他的性子来。越是"来撕"的物流客户，越方便物流客户服务人员与物流客户进行"感情"交流。在恰当的时间进行恰当的沟通往往可以增加物流客户被物流客户服务人员行为"折服"的概率。

3. 霸道的物流客户

此类物流客户经常强词夺理。处理方法：霸道的人应该说也属于要占小便宜的人。因为贪图小便宜，所以他们喜欢表现自己"上帝"的地位，来"拿"认为他们该拿的。应对此类物流客户，道理讲不通，可以通过侧面来证实自己的实力和不卑不亢的职业精神。

4. 文化素质差的物流客户

此类物流客户不懂得欣赏。处理方法：这样的物流客户文化素质差，不懂得欣赏或使用产品，物流客户服务人员接触这样的物流客户一般都不是很顺利，遇到此类物流客户投诉，甚至还被骂，但不要急，他们缺少的只是对产品或服务的认识和认可，可以根据其需要着重对其服务。

5. 喋喋不休的物流客户

此类物流客户总是说个没完。处理方法：针对这种物流客户的投诉，我们要听他的唠叨，要让他感觉到，只要听到他的唠叨我们就能完美地解决事情。这类物流客户在精神上得到了满足，再按照公司的售后服务制度去做事情。如果处理得好，这样的物流客户会到处给公司免费做广告。

任务实施

步骤一：小组分工，解读任务。

教师导入"任务情境"；进行班级学生分组，以 4 ～ 6 人为一组，每组选出组长；全体学生解读"任务要求"。

步骤二：小组合作，讨论、完成任务。

小组成员通过学习"知识准备"，了解相关基础知识后，可上网查询相关资料，了解有效处理客户投诉的流程与方法。

步骤三：展示成果，共同交流分享。

各小组轮流展示讨论成果，其他小组进行观摩学习。

步骤四：总结评价，记录提升。

各小组先对展示成果进行自评，然后小组互评，最后教师点评，每人完成"处理物流客户投诉评价表"（见表 3-3）。

表 3-3　处理物流客户投诉评价表

被考评人						
考评内容	任务二　处理物流客户投诉					
考评标准	内容	分值	自我评价 20%	小组评价 30%	教师评价 50%	综合评价
	查阅资料的内容正确、完整	20				
	参与讨论的积极性	20				
	有团队合作精神	20				
	项目任务完成情况	40				
	总分	100				
	技能星级					

注：技能星级标准如下。

★：在教师的指导下，能部分完成某项实训作业或项目。

★★：在教师的指导下，能全部完成某项实训作业或项目。

★★★：能独立地完成某项实训作业或项目。

★★★★：能独立较好地完成某项实训作业或项目。

★★★★★：能独立并带动本组成员较好地完成某项实训作业或项目。

知识巩固

一、填空题

1. 有效处理物流客户投诉，预防和减少物流客户投诉，应把握以下几项原则：有章可循、_____、_____、_____。

2. 处理投诉_____就是要有专门的制度和人员来管理客户投诉问题。另外，要做好各种避免物流客户投诉的预防工作。

3. 处理物流客户投诉的真正原则是，开始时必须_____，避免与其发生争辩，先听物流客户讲，然后对物流客户表示歉意。

4. 物流客户投诉处理水平的好坏，事关物流客户对公司的_____、_____、_____。

5. _____是解决问题的前提，要成功处理物流客户投诉，就要先处理物流客户的_____，改变物流客户的心态。

6. 要做详细的投诉记录，并翔实填写_____，便于参考解决问题方案的提出。

7. _____发生在物流客户投诉处理结束以后，企业还要全面加强对这起物流客户投诉事件的分析，尤其是对_____的分析。

二、判断题

1. 在接到物流客户投诉以后，我们一定要即事即办，对能当时解决的就当时解决。（　　）

2. 面对喋喋不休的物流客户，针对他们的投诉，物流客户服务人员要听他的唠叨，要让他感觉到，只要听到他的唠叨我们就能完美地解决事情。（　　）

3. 在处理投诉时，不用分清投诉的责任部门和责任人，也不用明确处理物流客户投诉的各部门、各类人员的具体责任与权限及物流客户投诉得不到及时圆满解决的责任。
（　　）

4. 在进行事故调查时，要了解物流客户的基本情况，按照工作单号进行事故调查，分清是否由我方责任。（　　）

5. 针对脾气比较暴躁的物流客户，要"以柔克刚"，多沟通，让物流客户知道自己的错，或者了解是什么原因造成的问题等，妥善地解决。（　　）

三、简答题

1. 简述物流客户投诉的原则。

2. 处理物流客户投诉的程序是什么？

3. 如何处理特殊物流客户的投诉？

4. 在处理物流事故时，目前物流公司涉及的证据有哪几种？

拓展提升

某物流公司的服务事故赔偿标准

为了规范服务事故的处理，维护客户和公司双方的利益，根据 ××× 北京公司 2000 年京办 035 号文件《货物运输、仓储保险管理条例》的相关规定，现对发生服务事故的赔偿问题明确如下。

（一）赔偿责任范围

从本公司受理收货签收时起至送达客户检验签收时止，由本公司的原因造成的损失。

（二）赔偿原则

赔偿直接损失原则。公司只承担承运货物的直接经济损失的赔偿，不承担间接损失的赔偿。

（三）协议约定赔偿原则

市场开发人员要按照公司的规定与客户协商服务事故赔偿的办法，作为服务合同的条款。发生服务事故后公司按合同的规定减免服务费或赔偿。

（四）赔偿最高限额原则

对于客户投保的货物，按保险公司的相关规定进行赔偿，且其赔偿额不超过声明价值；损坏的货物赔偿额不超过实际损失的价值。对于客户未投保的货物，在公司承运期间由于公司原因丢失的，最高按 20 元 / 千克赔偿；损坏的货物赔偿额最高不超过服务费总额（含垫付费）；晚到赔偿不超过服务费总额。

（五）赔偿标准

1. 晚到

（1）24 小时精品服务：在没有特殊情况时，晚点时间在 24 小时以内，免加急费；晚点时间在 24 小时以外，除免加急费外，按常规性服务标准减免方法打折收费。

（2）常规性服务：晚点事故原则上按实际到达时间收费；如果价格无差异，则按 9 折收费；晚点 4 天以上，免除服务费用。

2. 破损

投保的货物，交保险公司按保险公司规定赔偿。

未投保的货物，分为以下几种情况进行赔偿。

（1）签收时外包装完好，签收之后投诉货物破损：客户自己包装的货物，不予赔偿；本公司包装的货物，原则上不予赔偿，但可根据客户情况灵活掌握，总赔偿费用不得超过修理费用的 50%（维修费用不能超过货物价值的 50%）。

（2）签收时外包装破损：客户自己包装的货物，一是向承运单位索取破损证明，二是向客户做必要的解释工作，所发生的费用尽可能转交承运单位进行处置；本公司包装的货物，一是向承运单位索取破损证明，交涉赔偿具体事项，争取让承运单位全额赔偿；二是根据客户情况，本公司做适当赔偿，赔偿额原则上不超过 20 元 / 千克。

3. 丢失

如果丢失的是投保的货物，按声明价值向保险公司实施索赔。

如果丢失的是未投保的货物，根据客户情况，原则上按 5 ～ 20 元 / 千克赔偿。

4. 赔偿审批有关事宜

所有因服务事故造成的减免、赔偿，均呈报本部服务质量工作组审核批准，由执行办公室实施减免或赔偿。

服务事故的赔偿，由执行办公室汇总，并按公司规定提出赔偿意见报批。赔偿额为 500 元以内的由市场部经理审批；赔偿额为 500 ～ 1000 元的由副总经理审批；赔偿额为 1000 元以上的由总经理审批。

客户提出公司规定标准之外的赔偿条件，要报市场部经理和公司领导批准后方能执行。

（六）其他按公司《货物运输、仓储保险管理条例》执行

任务三　总结分析物流客户投诉及服务跟进

📖 任务情境

小李在呼叫中心的投诉岗位上工作。这一天，他接到了一个物流客户的投诉，内容如下：

本人捐助惠普打印机一台给"关爱生命"驻四川联络站，运费220元。8月27日上午上海×××物流公司的李磊提货，当时承诺3～4天送货上门。此次承运合同号为0000068，运单号为2676523824。经过我近十次查询，该物流公司于9月7日下午通知到货但不送，要志愿者自己去提货。货被提回后，试用时被发现机器零件损坏，从而无法使用。当我向该物流公司投诉时，却得到"不满意就去投诉。"强硬我要求该物流公司赔偿。

请思考：

（1）如果你是小李，你将如何处理这个投诉。

（2）你是怎样看待物流客户的投诉的。

（3）你认为很好地处理物流客户的投诉是否重要。

◎ 任务要求

请通过学习任务三，完成以下任务。

（1）将班级分成若干小组，以每组为单位，结合网络信息资源，针对该任务情境，查询相关信息，尝试处理该投诉。

（2）了解日常业务中可能产生的操作失误，熟悉处理物流客户投诉的注意事项。

（3）掌握各类投诉处理语言标准及技巧、减少物流客户投诉的措施及服务跟进。

（4）各小组进行角色扮演，并进行小组自评、小组互评、教师点评。

☢ 知识准备

一、物流客户投诉总结

（一）物流日常业务中可能产生的操作失误

1. 业务员操作失误

业务员操作失误有：计费重量确认有误；货物包装破损；单据制作不合格；报关出现失误；运输时间延误；结关单据未及时返回；舱位无法保障；运输过程中货物丢失或损坏等情况（见图3-5）。

2.销售人员操作失误

销售人员操作失误有：结算价格与报价有差别，与承诺的服务不符；对货物运输过程监管不力，与物流客户沟通不够，有意欺骗物流客户等。

3.供方操作失误

供方操作失误有：在运输过程中货物丢失或损坏（见图3-6）；送货时不能按物流客户要求操作；承运工具未按时发货等。

图3-5 快递投诉

图3-6 供方操作失误

4.代理操作失误

代理操作失误有：对收货方的服务达不到对方要求，使收货方向发货方投诉而影响公司与发货方的合作关系等。

5.物流客户自身失误

物流客户自身失误有：物流客户方的业务员自身操作失误，但为免于处罚而转嫁给货代公司；物流客户方的业务员有自己的物流渠道，由于上司的压力而被迫合作，但在合作中有意刁难等。

6.不可抗力因素

不可抗力因素有：天气、战争、罢工、事故等不可抗力因素所造成的延误、损失等。

以上情况都有可能导致物流客户对公司投诉，公司对物流客户投诉处理的不同结果，都有可能会使公司与物流客户的业务关系发生变化。

（二）处理物流客户投诉的注意事项

1.受理投诉阶段

（1）控制自己情绪，保持冷静、平和。

（2）先处理物流客户的情绪，改变物流客户的心态，然后处理投诉内容。

（3）应将物流客户的投诉行为看成公事，进行实事求是的判断，不应加个人情绪和喜好。

（4）抱着负责的心态，真正关心物流客户投诉的问题。

2. 接受投诉阶段

（1）认真倾听，保持冷静；同情、理解并安慰物流客户。

（2）给予物流客户足够的重视和关注。

（3）不让物流客户等待太久，当物流客户不知道等待多久时，须要告诉物流客户物流明确的等待时间。

（4）对事件全过程进行仔细询问，语速不宜过快，要做详细的投诉记录。

（5）立即采取行动，协调有关部门解决。

3. 解释澄清阶段

（1）不得与物流客户争辩或一味地寻找借口。

（2）注意解释语言的语调，不得让物流客户有受轻视、冷漠或不耐烦的感觉。

（3）换位思维，易地而处，从物流客户的角度出发，进行合理的解释或澄清。

（4）不得试图推卸责任，不得在物流客户面前评论公司、其他部门、同事的不是。

（5）在没有彻底了解清楚物流客户所投诉的问题时，不得马上将问题转交其他同事或相关部门。

（6）如果确实是企业的原因，必须诚恳地道歉，但是不能过分道歉；注意管理物流客户的期望；限时提出解决问题的方法。

4. 提出解决方案阶段

（1）根据投诉类别和情况，提出相应的解决问题的具体措施。

（2）向物流客户说明解决问题所需要的时间及其原因。

（3）如果物流客户不认可或拒绝接受解决方法，坦诚地向物流客户表明公司的限制。

（4）按时限及时将需要后台处理的投诉记录传递给相关部门处理。

5. 跟踪回访阶段

（1）根据处理时限及要求，注意跟进投诉处理的进程。

（2）及时向投诉的物流客户通告处理结果。

（3）关心询问物流客户对处理结果的满意程度。

（三）各类事故投诉处理语言标准及技巧

1. 晚点事故

您好，这个货物确实是因为我公司的失误造成的。您放心，我公司会按照签订的简易合同及时为您减免运费并将货物送到您手上。在此对我们的失误向您表示歉意。

××先生／小姐，实在不好意思，今天我公司的派送量确实很大，我们已经多次催促司机了，请您再多等一会儿好吗？我来帮您再和司机沟通一下，尽快给您送过去。为您带来的不便，我公司深表歉意。

您好，由于我公司的晚点，给您造成的损失会按照我公司的规定对您的运费做打折处理，但您提出的额外要求我公司确实无法承担。您看是否可以这样：对于我公司晚点给您带来的不便，随后我们以最真诚的书面致歉的方式传真到贵公司，可以吗？

2. 破损事故

××先生/小姐，您的货物由于已经参加保险，货损原因也确实在我方，故我们会及时收集破损资料及照片，及时为您的货物走保险程序。同时，也请您积极配合我们的工作，我们会和您保持联系。

您好，您的货物是自行包装的，在外包装完好的情况下内物破损，说明您的内物包装不合格，正常情况下我公司是不予赔偿的，但是由于您是当场验货物发现问题，我公司仍然会从客户利益的角度考虑，并按照我公司规定积极为您处理（物流客户自行包装，外包装完好内物破损的货物无法走保险），尽量让您感到满意。

> 您好，您的货物确实是由于运输不当造成的，我公司会马上为您处理并将货物的赔偿金全部退到您的手里，给您带来的不便，我代表××分公司向您表示歉意。

3. 丢失事故

××先生/小姐，您好，您的货物确实是由于我公司操作不当丢失的。我们会马上对您的货物做赔偿处理，赔偿额会在××天内送到您的手上。对此造成的不便请您多多原谅。如果还有什么需求请和我们联系，我们会尽全力满足您的要求。

××先生/小姐，您的货物是由于航空/铁路/零担第三方操作失误丢失的。我们会马上为您处理，及时取得丢失证明，为您的货物做赔偿处理/走保险程序。对于这种情况的发生，我们深表歉意，我们会规范我公司的服务，并希望下次为您提供更好的服务。

××先生/小姐，您好，首先对我公司的服务不到位向您表示歉意。您的货物是正常签收后发现问题的，由于责任无法界定且风险已转嫁到收货人处，故不在我公司赔偿范围内，还请多多谅解，如有其他我能为您服务的请尽管说，我会很高兴再次为您服务，谢谢。

4. 服务态度方面的投诉

××先生/小姐，首先请您对我公司服务不到位的地方多多谅解，我们让司机重新为您派送货物好吗？在这里我也向您补充一下我公司收货的相关规定，希望得到您的支持和谅解，也希望能为您下一次收货提供方便。

二、减少物流客户投诉的措施

客户投诉是每个企业都会遇到的问题，它是客户对企业管理和服务不满的表达方式，也是企业有价值的信息来源，它为企业创造了许多机会。因此，如何减少物流客户投诉是物流客户服务人员必须面对的一大问题。

（一）物流企业的各级领导要高度重视

物流企业各部门要设立专门的物流客户服务中心（见图3-7）、举报投诉中心；要有独立的办公场所，人员配备要到位；要完善各种规章制度，配备专用车辆和电话。同时，遇到重大问题要及时向上级汇报，以便取得他们的重视和支持。

图 3-7　物流客户服务中心

（二）物流企业自身的经营行为，严格执行国家及行业政策和规定

在物流服务过程中，不违规超标准收取费用，使企业自身的各项经营行为符合国家的法规和政策。

（三）公开服务承诺，规范企业员工的服务行为

物流企业应认真实施企业形象战略，向社会公开本企业的服务承诺。同时，推行员工行为规范，增强员工业务素质，提高员工的服务意识和企业的整体服务水平。

（四）接受社会的监督

采取聘请监督员、召开座谈会等形式，定期听取物流客户的意见。

（五）调查研究物流客户的需求心理

（六）建立服务质量奖惩机制，制定严格的奖惩考核规定

要对企业各部门和员工进行考评，对服务水平高、服务质量好、物流客户满意、没被投诉的部门和人员进行奖励，对工作不认真、不负责、物流客户有意见、投诉多的部门和人员进行处罚。对发生的违规违纪事件及时处理。特别是对那些以权谋私的行为，不管发生在个人还是部门领导身上，一经发现，都应该严格查处，绝不姑息迁就。

三、投诉处理后的服务跟进

当处理完物流客户投诉后，须要对物流客户进行回访，以确定物流客户对处理结果是否满意，同时也能让物流客户感受到企业对他的重视，从而使企业重新获得物流客户的青睐。回访的主要内容是物流客户对处理过程和结果的满意程度，以及对企业的意见等（见图3-8）。

图3-8　回访

任务实施

步骤一：小组分工，解读任务。

教师导入"任务情境"；进行班级学生分组，以4～6人为一组，每组选出组长；全体学生解读"任务要求"。

步骤二：小组合作，讨论、完成任务。

小组成员通过学习"知识准备"，了解相关基础知识后，可上网查询相关资料，了解处理物流客户投诉的注意事项和服务跟进等信息。

步骤三：展示成果，共同交流分享。

各小组轮流展示讨论成果，其他小组进行观摩学习。

步骤四：总结评价，记录提升。

各小组先对展示成果进行自评，然后小组互评，最后教师点评，每人完成"总结分析物流客户投诉及服务跟进评价表"（见表3-4）。

表3-4　总结分析物流客户投诉及服务跟进评价表

被考评人						
考评内容	任务三　总结分析物流客户投诉及服务跟进					
考评标准	内容	分值	自我评价 20%	小组评价 30%	教师评价 50%	综合评价
	查阅资料的内容正确、完整	20				
	参与讨论的积极性	20				
	有团队合作精神	20				
	项目任务完成情况	40				
	总分	100				
	技能星级					

注：技能星级标准如下。

★：在教师的指导下，能部分完成某项实训作业或项目。

★★：在教师的指导下，能全部完成某项实训作业或项目。

★★★：能独立地完成某项实训作业或项目。

★★★★：能独立较好地完成某项实训作业或项目。

★★★★★：能独立并带动本组成员较好地完成某项实训作业或项目。

知识巩固

一、填空题

1. 在投诉处理的跟踪回访阶段，要做到：根据_____，注意跟进投诉处理的进程；及时将处理结果向_____通告；关心询问物流客户对处理结果的_____。

2. 客户投诉是每个企业都会遇到的问题，它是客户对_____和_____不满的表达方式，也是企业_____，它为企业创造了许多机会。

3. 要建立服务质量奖惩机制，制定严格的_____。要对企业各部门和员工进行考评，对服务水平高、服务质量好、_____、_____的部门和人员进行奖励，对工作不认真、不负责、_____、_____的部门和人员进行惩处。

4. 接受社会的监督可以采用采取_____、_____等形式，定期听取物流客户的意见。

5. 在回访物流客户时，主要回访内容就是_____，以及对_____的意见等。

二、判断题

1. 对收货方的服务达不到对方要求，使收货方向发货方投诉而影响公司与发货方的合作关系等属于代理操作失误。（　　）

2. 不可抗力因素是指包括天气、战争、罢工、事故等造成的延误、损失等。（　　）

3. 在物流服务过程中，不能违规超标准收取费用，使企业自身的各项经营行为符合国家的法规和政策。（　　）

4. 结算价格与报价有差别，与承诺的服务不符属于供方操作失误。（　　）

5. 当处理完物流客户投诉后，须要对物流客户进行回访，以确定物流客户对处理结果是否满意，同时也能让物流客户感受到企业对他的重视，从而使企业重新获得客户的青睐。
（　　）

6. 公司对物流客户投诉处理的不同结果，都有可能会使公司与物流客户的业务关系发生变化。（　　）

三、简答题

1. 物流日常业务中可能产生的操作失误主要包括哪些？
2. 在接受投诉阶段的注意事项是什么？
3. 简述投诉处理后的服务跟进。
4. 简述业务员操作失误的类型。
5. 简述在受理投诉阶段的注意事项。
6. 减少物流客户投诉的措施有哪些？

拓展提升

"榄菊重复投诉"事件

2019 年 3 月 7 日，从榄菊（榄菊销售有限公司简称）发出一车货物至平阳县日用品商行，货物质量为 19.23 吨，体积为 61 立方米，提货车牌号为粤 T1××××。后来，由于货物体积偏大，中途改为车牌号赣 K×××××的平板车于 3 月 11 日送至客户处。在 3 月 11 日下午客户服务人员跟踪订单时，客户表示货物送到时放置较乱，同时榄菊工作人员发来一封投诉电子邮件，投诉我公司未按要求送货，表示情节严重，严重违反了《榄菊销售有限公司物流商考核管理规定》，并称一个多月前曾发起过一次类似投诉，我公司给出了整改方案，但实施状况不良好，客户要求我公司跟进平阳客户异常情况处理，责令对此次事件进行相应整改。

One：圈定一个核心问题

运输中途换车、货物摆放杂乱，严重违反客户到货要求，整改方案做了但实施不到位，导致重复投诉。

Three：深查三种原因

（1）郑经理说："客户投诉原因是因为到货时仓库门口道路狭窄，客户让司机另付搬运费，由搬运工帮忙搬运，而司机认为倒车技术没问题，直接把车倒至仓库门口，未交搬运费，导致收货方不满，引起投诉。"

分析：客户投诉问题并非搬运问题，而是中途换车和货物到货情况不好（货物摆放杂乱），付不付搬运费并不是直接导致客户投诉的原因。

（2）郑经理说："换车是因为客户下单货物体积为 61 立方米，一台 9.6 米的车装车非常困难，容易被开罚单，所以中途换车。"

分析：客户的考核管理规定：整车标准发运，严禁车辆换车装货，凡到达卸货地车牌号与交运单上车牌号不一致，造成我公司客户拒收的，一切后果由物流供应商承担，我公司有权处罚 1500～2500 元违约金；出现三次以上者，我公司有权终止与该物流供应商的物流运输合同，取消其运输资格。特殊情况下（如交通意外）必须征得我公司同意后方可实施换车装货，但必须在特殊情况发生时起 12 小时内填写《车辆在途异常情况反馈表》，换车时不得将产品倒置、侧置、横置，否则我公司有权处罚 500 元／车次的违约金。在此次事件中，服务人员并未重视客户的规定，客户下单体积并不能成为被投诉的直接原因。

（3）郑经理说："之前客户确实也对这种情况进行过投诉，而项目运作人员虽做了整改方案，却并未引起重视。"

分析：如果特殊情况须要换车，应及时反馈给客户，得到同意方能换车，换车时也要按照客户要求将货物完好、整齐的摆放。此次事件发生主要原因是项目运作人员未按客户标准操作运输流程，同时司机也缺乏责任心。

Two：给出两种解决方案供客户选择

方案一：今后严格按照贵公司的合同要求规则送货；加强对车队及司机的服务意识培训，发生异常问题务必第一时间反馈给我公司分部，由我公司分部协调解决；我公司分部人员及客服人员加强与客户沟通，让客户支持我公司工作，避免投诉；如遇车队及司机确实无法完成我公司及贵公司的配送任务，直接列为黑名单，永不录用。

方案二：让客户与供应商沟通，杜绝经销商工作人员乱收费的情况，以免影响司机服务质量；凡是类似的订单，其货物体积尽量不要为61立方米，控制在55立方米左右，否则一台9.6米的车装车非常困难，容易导致司机在路上被开罚单。

处理方式：客户需求至上，我们应提高对自己的要求尽量满足客户。采用第一种方式处理。

启示一：这是一个考验团队责任心的事业，往往损失的产生都是源于某一岗位成员责任心的缺失。

启示二：错误是用来被改正的，而不是用来重复的。合作中偶尔犯一次错误，也许经过沟通可以被谅解，而一个错误重复犯，被原谅的代价便会成倍增长。

项目四
物流客户关系维护

项目目标

❖ 掌握物流客户的开发与巩固的方法;

❖ 了解物流客户需求管理;

❖ 熟悉物流客户回访的实施过程;

❖ 灵活掌握物流客户满意度评价的方法和流程;

❖ 熟悉物流客户关系管理。

任务一　物流客户开发与巩固

任务情境

顺丰优选是顺丰公司倾力打造的电商平台，经营精选的特色食品，包括生鲜食品、母婴食品、酒水饮料、营养保健、休闲食品、饼干点心、粮油副食、冲调茶饮及美食用品等品类，其中 70% 为进口商品。顺丰优选在北京、华东、华南设置工作点，并且组织采购团队去全国各地进行原产地直采。2014 年上半年，顺丰速运公司推出了针对个人海淘消费者的转运平台"海购丰运"。顺丰速运公司与深圳泰海公司合资组建了顺丰航空公司，这使跨地域物流的实效得到保证。顺丰航空公司能在 24 小时内让食物从"枝头到头"，确保物流服务的一致性。

请你从顺丰速运公司的顾客角度，分析该公司有哪些物流需求，以及制定物流方案时要突出什么特征。

任务要求

请通过学习任务一，完成以下任务。

（1）将班级分成若干小组，以小组为单位，结合网络信息资源，针对该任务情境，利用互联网，收集顺丰速运的物流客户资料，设计一份物流客户需求调查表。

（2）对物流客户的需求进行分类分析。

（3）巩固物流客户关系。

（4）各小组进行角色扮演，并进行小组自评、小组互评、教师点评。

知识准备

一、物流客户的开发

物流客户管理的工作重心是开发物流客户。物流客户具有一定的特殊性，因此开发物流客户一定要根据物流客户的特征，结合企业本身特点，运用市场营销原理，通过建立良好的物流服务体系，进行精准的物流市场定位。推进忠诚的物流市场营销及开展多样的物流促销活动等是开发物流客户的重要途径。

（一）开发物流客户的方法

1.建立良好的服务体系

良好的服务体系是开发物流客户的基本途径。没有良好的服务体系做基础，其他的开发途径不可能有效展开。良好的物流服务体系包括物流服务设施和物流服务作业体系，它们是开展一切物流活动的基础。具体来说，良好的物流服务体系主要有以下内容。

（1）房屋建筑：主要包括办公场所、仓库、站、场、码头建筑物及建筑附属物等。

（2）机械设备：主要包括包装机械、装卸搬运设备、运输机械、储存保管设备、流通加工设备等。

（3）通信设备、电子计算机设备等。

（4）无形的设施，如物流信息系统（见图4-1）。

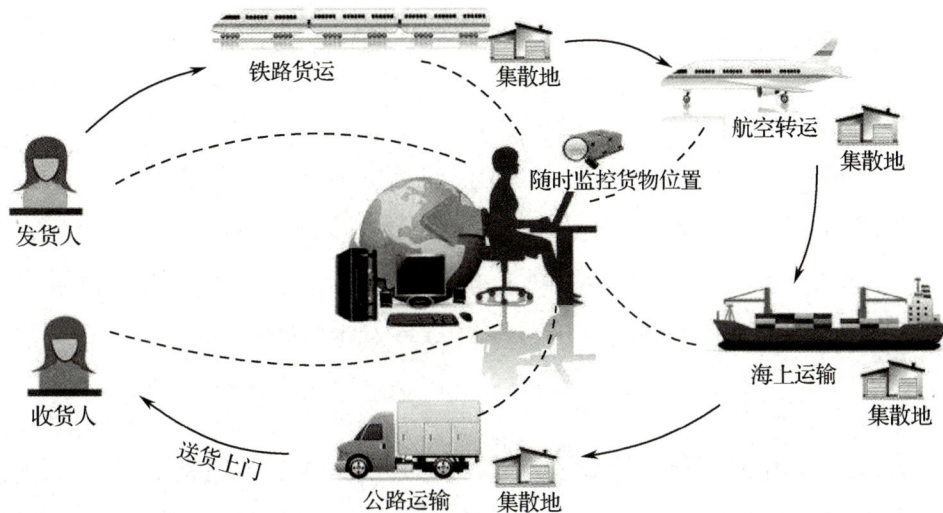

图 4-1　物流信息系统

2. 进行精准的物流市场定位

随着经济的发展，物流服务市场上的竞争日趋激烈，物流客户的需求内容和需求差别日益扩大。试图以一种服务去占领所有市场，显然是不现实的，也是不可能的。因此，物流企业要把自己的资源集中到一个部分上，进行精确的物流市场细分和定位，找准物流客户，做到有的放矢，才能有效地开发物流客户。

> 物流企业可以从五个方面考虑企业的市场定位策略：物流服务的属性、特色；物流服务的价格和质量；物流服务的目的和范围；物流服务类别及接受服务者的类别；竞争对手的市场定位。

3. 用优质的产品或服务吸引物流客户

优质的产品或服务是吸引物流客户的最大亮点，在物流客户开发中起着重要的作用。这是因为：优质的产品或服务以创新为主要特征，代表着功能的进步和服务的完善，对物流客户有吸引力；优质的产品或服务是打败竞争对手的利器；优质的产品或服务有助于树立物流企业的品牌形象，提高物流客户的信任程度和获得的价值；优质的产品或服务有利于物流企业建立合适的物流客户群。

4. 推进忠诚的、多样的物流市场营销

在以客户为导向的物流客户开发中，物流企业取得市场占有率不如提高物流客户占有率，即推进忠诚的物流市场营销，令物流客户满意并使之成为物流企业的长期客户。推进忠诚的市场营销是开发物流客户的一种具有生命力的方法与途径，并能保证物流企业的市场份额稳中有升和企业长期赢利。应当在了解物流客户与产品之间的相互影响和物流客户价值的主要影响因素的前提下推进忠诚的市场营销，并辅之以具体的折扣、赠送礼品、奖品等多种方法，进而开拓市场及物流客户。

（二）物流客户开发流程

1. 寻找物流客户

寻找物流客户是物流客户开发的第一步，也是物流营销人员取得良好业绩的重要基础工作。寻找物流客户的渠道很多，主要有逐户访寻、广告搜寻、老物流客户介绍、人际关系开拓、资料查询、名人介绍、会议搜寻、网上寻找、利用邮寄方式寻找、利用代理人寻找、通过观察寻找、市场咨询寻找、产品展示、获得竞争对手的物流客户等。

2. 识别物流客户

识别物流客户是物流客户开发的重要一步。物流营销人员或物流企业在找到自己的物流客户并获取了潜在物流客户的名单之后，并不意味着马上就要与这些潜在物流客户打交道，还必须根据物流企业自身产品或服务的特点、用途、价格及其他方面的特性，对这些潜在物流客户进行更深入的衡量和评估。识别物流客户的主要工作包括了解影响物流客户识别的因素（需求度、购买力、决策权、信誉度等）、对物流客户资料进行整理及资格审查。

3. 接近物流客户

识别物流客户工作完成后就进入了接近物流客户的阶段。物流营销人员应该知道初次与物流客户交往应制订怎样的拜访计划，弄清楚使用什么样的销售工具，熟练掌握推销的产品或服务，以及知晓怎样会见和向物流客户问候才能使双方的关系有一个良好的开端等。

4. 与物流客户洽谈

接近物流客户后，物流营销人员就要与物流客户进行洽谈，以正确的方法向物流客户描述产品带给他们的利益。很多物流营销人员在向物流客户推荐产品时，总是过分地强调产品的特点（产品导向），而忽略了客户的利益（客户导向）。

5. 与物流客户成交

在完成了以上步骤后，物流营销人员与物流客户成交是物流客户开发最关键的一步。要顺利完成这一步，必须明确与物流客户成交存在的主要障碍，并能从物流客户那里发现可能成交的信号，包括物流客户的言辞、举止、表情等；同时，要通晓与物流客户讨价还价的步

骤和技巧，把握提出成交的时机，重点掌握引导物流客户成交的方法。

二、物流客户关系的巩固

巩固现有客户、提高客户的忠诚度往往被许多企业忽视，很多企业都将注意力集中于如何开拓新的客户。巩固客户是一项长期、复杂的任务，其关键就是使客户满意，与客户建立长期的合作关系。物流企业可采用以下方法巩固与物流客户的关系。

（一）建立物流服务品牌

塑造服务品牌是物流企业扩大市场、实现发展的有效途径，对巩固物流客户具有战略性的意义。物流企业要确切地知道所选择的品牌对物流客户意味着什么，同时运用有效的手段赋予品牌新的活力，维护品牌的地位、提高品牌的知名度。

（二）开发服务新项目

物流企业所提供的服务不能是一成不变的，应当不断地进行调整，淘汰已经没有市场的产品，完善具有发展潜力的产品，开发物流客户需要的新产品，提供新的服务。新项目既能为物流企业带来新的物流客户，又能促使现有的物流客户更加忠诚。

（三）强化内部物流客户管理

我们通常说的客户是指外部客户，即购买企业产品或服务的人或组织。从"组织—员工—客户"这一关系来理解，企业的最终用户并不是唯一的客户，员工也是企业的客户。物流企业要想保持和物流客户的良好关系，必须全体员工同心协力才行。再好的物流客户服务，如果不被员工好好执行，也是枉然。物流企业要想实现物流客户满意，就不能不重视员工的管理工作。

（四）改进物流服务质量

物流客户服务不仅仅指物流客户的开拓和物流客户投诉的处理，更为重要的是实行优质的服务，提高物流客户满意度，维系物流客户忠诚度。服务质量的特征具体表现在可靠性、感知性、反应性、保证性及移情性五个方面。

> 在这五个特征中，可靠性被认为是最重要的，是核心内容。

优质的服务表现应体现在对物流客户的询问或碰到的难题迅速做出反应；昼夜服务，及时回访物流客户，简化业务往来；物流企业上下各部门员工都要与物流客户友好相处，随时对物流客户做出回应，为每个物流客户提供有针对性的个别服务；对产品质量做出可靠的承

诺，及时沟通；关心体贴物流客户，对待物流客户要做到诚实、尽责，让物流客户的支出发挥出最大的效用。

任务实施

步骤一：小组分工，解读任务。

教师导入"任务情境"；进行班级学生分组，以4～6人为一组，每组选出组长；全体学生解读"任务要求"。

步骤二：小组合作，讨论、完成任务。

小组成员通过学习"知识准备"，了解物流客户开发与巩固的基础知识后，可上网查询相关资料，了解顺丰速运公司的物流客户需求等信息。

步骤三：展示成果，共同交流分享。

各小组轮流展示讨论成果，其他小组进行观摩学习。

步骤四：总结评价，记录提升。

各小组先对展示成果进行自评，然后小组互评，最后教师点评，每人完成"物流客户开发与巩固评价表"（见表4-1）。

表4-1　物流客户开发与巩固评价表

被考评人						
考评内容		任务一　物流客户开发与巩固				
考评标准	内容	分值	自我评价 20%	小组评价 30%	教师评价 50%	综合评价
	查阅资料的内容正确、完整	20				
	参与讨论的积极性	20				
	有团队合作精神	20				
	项目任务完成情况	40				
	总分	100				
技能星级						

注：技能星级标准如下。

★：在教师的指导下，能部分完成某项实训作业或项目。

★★：在教师的指导下，能全部完成某项实训作业或项目。

★★★：能独立地完成某项实训作业或项目。

★★★★：能独立较好地完成某项实训作业或项目。

★★★★★：能独立并带动本组成员较好地完成某项实训作业或项目。

巩固练习

一、填空题

1. 良好的物流服务体系包括＿＿＿＿＿＿和＿＿＿＿＿＿，是开展一切物流活动的基础。

2. ＿＿＿＿＿＿是指企业根据消费者或用户的需求特点，将总体市场划分为若干不同特性的子市场的过程。

3._____是物流客户开发的第一步，也是物流营销人员取得良好业绩的重要基础工作。

二、判断题

1. 无形的设施（如物流信息系统和网络）不属于物流服务设施和物流服务作业体系。 （ ）

2. 识别物流客户工作完成后就进入了接近物流客户的阶段。 （ ）

3. 很多物流营销人员在向物流客户推荐产品时总是以产品导向代替客户导向，这是错误的。 （ ）

4. 企业要分析和选择适合自己发展的竞争领域，以集中优势资源做好、做大某个细分市场，这就是市场定位的指导思想。 （ ）

5. 只有具备了良好的物流服务设施和物流服务作业体系，才能更好地、更有效地开发物流客户。 （ ）

三、简答题

1. 物流企业可采用哪些方法巩固客户关系？

2. 简述开发物流客户的方法。

3. 简述如何改进物流服务质量。

4. 寻找物流客户的渠道可以从哪些方面着手？

拓展提升

物流客户的选择与识别

客户是企业利润的源泉。所有的物流用户都有可能成为物流客户。正确选择物流客户是物流企业必须解决的问题，这关系到物流企业的生存与发展，并在物流企业的发展过程中具有重要的作用。实际上，物流客户的选择与识别就是提出一个适合本物流企业的物流客户标准与准则，从而为选择与识别新的物流客户提供一定的条件和基础，使之更符合物流企业的业务发展方向。

选择与识别物流客户是物流客户拓展的重点。只有找到了恰当的物流客户，明确了他们的需求，才能顺利地进行物流客户的开发。选择与识别物流客户的最直接方法是，对最赢利的物流产品市场进行细分并加以比较，若能明白物流客户选择的原因，并能找到类似特征的其他物流客户群体，那么这些新的物流客户群体也会成为本物流企业可能性最大的潜在物流客户群。选择与识别物流客户的具体方法有以下几个。

（1）逐户拜访法。逐户拜访法又称地毯式访问法，是指物流客户服务人员在特定的区域内，挨门挨户地进行访问，以寻找潜在物流客户的方法。

逐户拜访法最重要的是收集和整理物流客户的信息。物流客户服务人员在拜访物流客户前，一定要准确把握物流客户的信息，只有了解了物流客户的需求、喜好等详细信息，才能做到有的放矢、投其所好，以更好地吸引物流客户。逐户拜访法的优点是涉及的物流客户多，可借机进行市场调查，了解物流客户需求倾向，并挖掘潜在物流客户。逐户拜访法的缺点是盲目性强，易遭到物流客户拒绝，耗费大量的人力和时间。

（2）客户介绍法。客户介绍法又称黄金客户开发法，就是通过老物流客户的介绍来寻找新物流客户的一种方法。这是物流客服人员通常用的且有效的方法，在西方国家被广为推崇。

客户介绍法的优点是新物流客户的信息较准确可靠。这是因为老物流客户知道他的朋友在什么时间、需要什么样的产品，接受什么样的服务等信息。客户介绍法可减少物流客户开发过程中的盲目性，较易获得物流客户的信任，成功率也较高。客户介绍法的缺点是事先难以制订完整的物流客户开发计划，物流客户服务人员一般处于较为被动的地位。

（3）市场咨询法。市场咨询法是指利用市场信息咨询机构所提供的有偿服务来寻找客户的一种方法。信息时代出现了诸多市场信息咨询机构，通过这些市场信息咨询机构往往能获得许多有价值的客户信息。市场咨询法的优点是针对性强，但成本较高，因为市场信息咨询机构的服务项目是有偿的。在利用市场咨询法寻找物流客户时，一定要积极主动，谨慎选定市场信息咨询机构。同时，物流企业应注意与市场信息咨询机构密切配合，只有这样才能正确地选择与识别物流客户。

（4）直接邮寄法。直接邮寄法是以邮寄方式来寻找目标客户的方法。对物流客户服务人员来说，直接邮寄法是一种行之有效的方法。物流客户邮寄名单可从多种渠道获得。物流客户服务人员既可以自己收集物流客户邮寄名单，也可从别人手中购买物流客户邮寄名单。在直接邮寄法中，公司定期会向客户寄送商品或服务目录，且一般会实行会员制，只要一次购买或接受达到一定金额的产品或服务，就可成为该物流公司的会员。公司将信函、广告宣传单等直接寄给潜在客户，向他们详细介绍公司的产品或服务、订购及联系方式。这种方法覆盖范围往往较广，涉及客户的数量也较多，但邮寄费用高，时间周期较长，一般回复率不高。

（5）电话访问法。电话访问法就是利用电话进行地毯式访问，以寻找客户的方法。电话访问法与传统的地毯式访问法相比，具有时间省、效率高、避免遭拒绝的尴尬及覆盖面广的优点，但对物流客户服务人员的素质要求很高。在电话访问法中，做好打电话前的准备工作非常重要。也就是说，在打电话之前，物流客户服务人员必须掌握物流产品和服务知识，了解物流产品或服务的功能和用途；同时，还应该掌握打电话的技巧，主动报出公司名称，准备好要说的内容，电话谈话中不宜详细介绍产品，最好能用简短的回答抓住对方的注意力并引发其兴趣，将其发展成为物流企业的潜在物流客户。

（6）网上寻找法。网上寻找法就是运用网络工具来寻找客户的方法。与利用传统渠道寻找客户法相比，网上寻找法具有不受时间和空间的限制、互动性、即时性和成本低廉性等特点。但同时网上寻找法对客户服务人员素质提出了新的要求，即要熟练掌握网络技术。在使用网上寻找法选择与识别物流客户时，应该选择合适的搜索关键词，而且可以从竞争对手的网站上搜索，也可以用行业名称来进行搜索，以得到大量的物流客户信息。在采用网上寻找法选择与识别物流客户时，一般要与电话访问法等其他方法配合使用。

任务二 物流客户需求管理

任务情境

小李所在的物流公司开发出一套第三方物流配送系统（见图4-2）。身为公司的客服人员，小李接到一个任务——向某大型连锁超市的配送部经理推销这套系统。

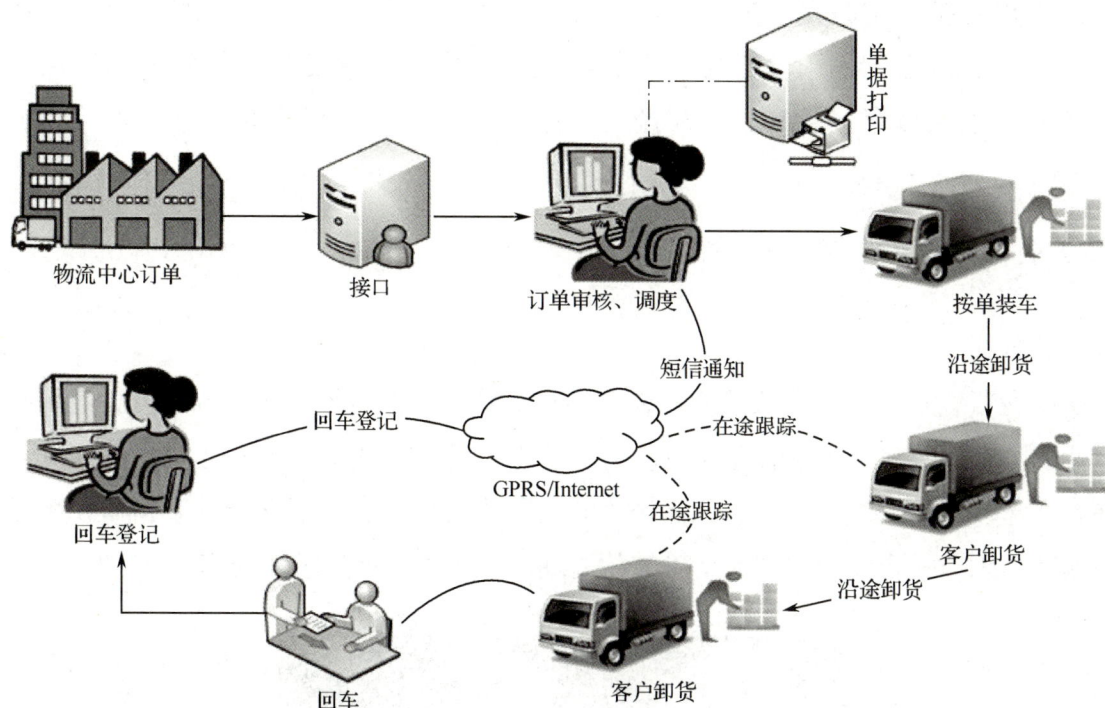

图 4-2 第三方物流配送系统

任务要求

请通过学习任务二，完成以下任务。

（1）将班级分成若干小组，以小组为单位，结合网络信息资源，针对该任务情境，使用沟通技巧准确地找到物流客户需求，分组模拟任务情境。

（2）了解各行业项目客户的基本需求。

（3）熟悉物流客户需求特征和需求的模式。

（4）各小组进行角色扮演，并进行小组自评、小组互评、教师点评。

知识准备

一、物流客户需求概述

（一）物流客户需求的内涵

随着我国经济的发展，社会物流服务需求快速增长，企业的物流服务需求不断得到释放，并在需求层次上向着供应链模式转换；汽车、电子、快速消费品等典型行业，则越来越多地将物流外包的需求提高到增值服务乃至一体化服务的层次。直接面向零售终端进行销售的深度分销模式，对物流服务的深度和广度提出了更高的要求。

物流需求是指一定时期内社会经济活动对生产、流通、消费领域的原材料、成品和半成品、商品、废旧物品、废旧材料等的配置而产生的对物在空间、时间和费用方面的要求，涉及运输、库存、包装、装卸搬运、流通加工及与之相关的信息需求等物流活动的诸多方面。

（二）各行业物流客户的基本需求特点

1. 医药行业

医药行业货物价值较高，使该行业物流客户对货物的安全性要求较高，因此物流公司与医药行业物流客户要重点洽谈保险条款。医药行业的货物基本采用原厂包装，在运输过程中不允许有变形、污渍的现象，对此物流公司要给予充分的重视。医药行业物流客户的结款周期普遍偏长，因此在合同中双方应明确结款周期。图 4-3 所示为医药仓库。

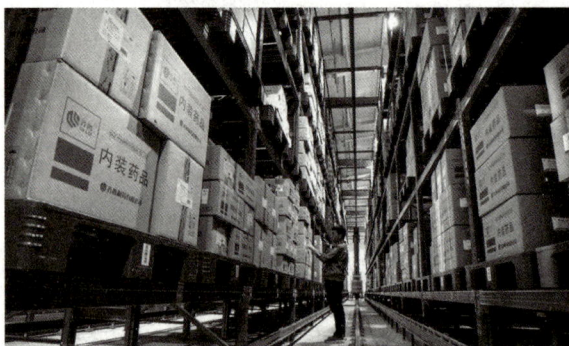

图 4-3　医药仓库

2. 通信行业

通信行业的货物价值较高，使该行业物流客户对货物的安全性要求较高，因此在合同中双方应明确保险条款或赔付办法。

通信行业的货物基本采用原厂包装，一般会有仓储需求，并要求防潮防雨，还要提供手机串号，对包装箱条形码管理要求高。大部分手机代理商会对库存手机向银行进行抵押或担保以获得流动资金，因此，物流企业与通信行业物流客户在签订第三方担保合同时要慎重。通信市场变化极快，因此通信行业物流客户对运输时限要求很高。

3. 电子行业

电子行业的货物价值较高，因此在合同中双方应明确保险及赔付条款。电子行业的货物包装技术要求高，常会使用防震板、木箱、木格等包装方式，并利用发泡、悬空、真空等包装技术以避免货物损坏。

4. 服饰行业

服饰行业品牌产品多，价值较高，因此在合同中双方应明确保险条款及赔付办法。服饰行业货物多属泡货，在报价时双方要明确计算方式。服饰行业货物的原包装多数直接用于销售，不允许有污损，并应保护外包装完好。

二、物流客户需求分析

（一）物流客户需求的价值种类

物流客户需求分析的目的是为社会物流活动提供物流能力供给不断满足物流需求的依据，以保证物流服务的供给与需求之间的相对平衡，使社会物流活动保持较高的效率与效益。物流客户对物流企业的服务需求，按照价值可以分为以下几种。

1. 成本价值

成本价值是指物流企业在提供服务时所耗费的成本。关注成本价值的物流客户大多是在市场上已经取得了一定的市场份额。他们关注的不是大幅提高服务水平，而是关注在现有的服务水平基础上如何降低成本。

2. 服务能力价值

服务能力价值是物流企业能为客户提供服务水平的能力。物流企业服务水平的提高会提升客户满意度，增强企业信誉，促进企业的销售，提高利润率，进而提高企业市场占有率。物流客户关注服务能力价值，其实关注的就是通过物流企业服务的能力提高自身的服务水平。对于附加价值较高的产品或刚刚进入市场的产品，对物流企业的服务能力价值的要求往往较高。

3. 资金价值

资金价值是指物流企业在进行物流活动时资金方面所体现出来的价值。企业如果自己运作物流，在资金方面要面临两大风险：一是投资的风险，自己运作物流，需要在物流设施、设备及运作等方面投入大量资金；二是存货的风险，由于自身配送、管理能力有限，为能对客户的订货及时做出反应，防止缺货，快速交货，往往采取高水平的库存策略。关注资金价值的物流客户往往资金不足或较重视资金的使用效率，不愿意在物流方面投入过多的人力和物力。因此，物流企业要充分展现自己在物流方面的专业能力，提供可垫付货款或延长付款期限的物流服务项目。

4. 复合价值

复合价值是指物流企业出于多种因素考虑而形成的价值体系。关注复合价值的物流客户对物流企业的服务需求是出于多种因素考虑的。物流企业在综合考虑多个因素后，取得一个折中方案。

（二）物流客户需求的模式

物流客户需求的模式包括三个阶段的内容：一是刺激过程，即物流客户需求的产生源自外部激励和内在动机；二是混合思维过程，该过程受思维者的各种客观条件的约束；三是反应过程，即物流客户经过思考之后，提出对物流服务的各种要求。

1. 物流客户需求刺激

物流客户需求刺激可以分为外部激励和内在动机两种类型。物流客户需求的外部激励源自物流服务能够提供的六个主要方案，即库存、保管、配送、运输、包装、装卸方案的科学化、合理化、经济化程度。当物流企业提供一个系统的物流方案时，该方案会综合地激活物流客户的各种需求。物流客户内在动机由以下三方面组成：一是基础需求，即物流客户对物流的基本需求，且这些基本需求具有明确的目的性，而无特殊性；二是附加需求，指物流客户在基础需求之上，对物流的客体有着特殊性要求；三是发展需求，指对物流企业的延伸服务的需求，物流客户不仅要完成自己产品的空间和时间协调统一的转移，更希望物流企业在市场信息、市场准入方面提供完整的交易服务。

2. 物流客户需求思维

物流客户需求思维是物流客户"自我操作"的过程，对外界而言，这是一个可能被感受但无从知晓的过程。这个过程是多种条件混合的"化学反应"过程，主要表现在物流客户的特征和决策两个方面。物流客户的特征主要包括服务价值判断能力、企业的规模大小、企业所处的行业及地理区域等形成的物流特殊性。

物流客户的决策过程可分为三个阶段。第一个阶段是需求认识阶段。消费者无论购买什么样的商品，总是以认识到对某种商品的需求为开始，服务也不例外。第二个阶段是信息收集阶段。物流客户在确认自己有某种需求后，就会注意收集与这种需求有关的各种产品信息（见图 4-4）。第三个阶段是方案评价阶段。物流客户往往要对不同物流企业的服务方案进行对比，从而形

图 4-4　互联网信息收集

成最后的确定方案。

3. 物流客户需求反应

物流客户需求反应即物流客户决策的结果，表明物流客户是否接受该物流服务的行为路径，也是物流企业能够直接接触物流客户态度并为之服务的基本出发点。

从物流客户服务的角度分析，物流企业不仅要在推出物流服务方案前，根据物流客户的需求确定服务方案，同时还应该根据物流客户的反馈信息，进一步做出让物流客户满意的方案，最终达到物流企业和客户双赢的目的。

三、打造客户忠诚度

（一）打造物流客户忠诚度的方法

有效地管理物流客户需求，分阶段地实施和满足物流客户需求，会使物流客户始终对物流企业保持新鲜感和认同感。将物流客户服务工作从简单的满足物流客户需求、提高物流客户满意度提升到打造物流客户的忠诚度，使物流客户为物流企业创造最大的效益。

1. 理解需求规律

安全、准确地将货物送达收货人手中是物流客户的基本需求。当这一需求得到满足时，物流客户会提出其他个性化的附加服务要求。物流客户服务人员要充分了解物流客户，在发现并评估新出现的需求时将所采取的步骤排序。同时，物流客户服务人员要明确物流客户购买本公司服务的关键需求，而这一需求是务必要予以保障的。在此基础上，将物流客户需求分阶段实现。

2. 通过有效的渠道把握物流客户需求

与物流客户的每次沟通都是了解物流客户需求的有效渠道。关注物流客户的产品和相关信息是获得物流客户需求的重要途径。同时，了解物流客户与其他竞争对手的合作过程或拟合作意向都是有效把握物流客户需求的途径。

3. 开发物流客户的潜在需求，打造物流客户的认同感

对于由于物流知识相对欠缺而对需求认识模糊的物流客户，要有开发物流客户需求的意识。开发物流客户需求必须做到以下几点：明确开发需求意识的合适目的；找出合适的问题，来发现物流客户对问题的反应；向解决方案迈进。

4. 为物流客户排解问题，打造物流客户忠诚

了解物流客户需求可以为满足物流客户需求、解决物流客户问题奠定基础。在提出了有效的解决方案后，物流客户服务人员要学会将解决方案变成可执行的规定，通过对本公司内部的协调整改，使解决方案的作用得以发挥，从真正意义上为物流客户排解问题。

图 4-5　打造物流客户忠诚度

物流客户需求具有周期性和阶段性。每个物流客服人员会周期性地面对物流客户需求问题。如果能够通过以上方法对物流客户需求给予支持和解决，物流客户的忠诚度自然而然就产生了（见图 4-5）。

（二）适度承诺

适度承诺是指根据本公司的运营服务能力，针对物流客户需求对物流客户进行适度的回复，以有效的需求管理打造物流客户忠诚度。

1. 做好物流客户需求分析

在与物流客户谈判的过程中，物流客户提出的需求是有主次之分的。物流客服人员应有效地分析物流客户需求。对于物流客户的一些非重点且操作难度大的需求，可以不予以承诺；对于物流客户的重点需求，应该尽力通过对运营的分析和调整予以满足。

2. 承诺应把握的原则

在承诺物流客户需求时要考虑的因素有航班情况、铁路能力、市内物流班车时刻、干支线班车、货物的实际情况、操作难易度、对方网络的实际操作能力、天气、道路状况、提货能力、基地口岸能力等。

承诺时一定要确保"有诺定达"的原则，慎重考虑，不轻易许诺。

任务实施

步骤一：小组分工，解读任务。

教师导入"任务情境"；进行班级学生分组，以 4～6 人为一组，每组选出组长；全体学生解读"任务要求"。

步骤二：小组合作，讨论、完成任务。

小组成员通过学习"知识准备"，了解相关基础知识后，可上网查询相关资料，了解不同行业对物流的不同需求等信息。

步骤三：展示成果，共同交流分享。

各小组轮流展示讨论成果，其他小组进行观摩学习。

步骤四：总结评价，记录提升。

各小组先对展示成果进行自评，然后小组互评，最后教师点评，每人完成"物流客户需求管理评价表"（见表 4-2）。

表 4-2　物流客户需求管理评价表

被考评人						
考评内容	任务二　物流客户需求管理					
考评标准	内容	分值	自我评价 20%	小组评价 30%	教师评价 50%	综合评价
	查阅资料的内容正确、完整	20				
	参与讨论的积极性	20				
	有团队合作精神	20				
	项目任务完成情况	40				
	总分	100				
	技能星级					

注：技能星级标准如下。

★：在教师的指导下，能部分完成某项实训作业或项目。

★★：在教师的指导下，能全部完成某项实训作业或项目。

★★★：能独立地完成某项实训作业或项目。

★★★★：能独立较好地完成某项实训作业或项目。

★★★★★：能独立并带动本组成员较好地完成某项实训作业或项目。

巩固练习

一、填空题

1. 医药行业的货物价值较高，对货物的_____较高，双方要重点洽谈_____。

2. 通信行业的货物价值较_____，对安全性要求较_____，双方应明确保险条款或赔付办法。

3. 企业如果自己运作物流，在资金方面要面临两大风险：一是_____的风险，二是_____的风险。

4. 物流客户需求刺激可以分为_____和_____两种类型。

5. 物流客户的外部激励源自物流的服务能够提供的六个主要方案，即库存、保管、_____、_____、_____、装卸方案的科学化、合理化、_____程度。

二、判断题

1. 一般来说，企业防止缺货的期望越低，所需的安全储备就越多，平均存货数量和需要的资金也越多。　　　　（　　）

2. 那些并非以物流为核心业务的企业，对物流服务的需求是出于多种因素考虑的。物流企业要综合考虑并取得一个折中方案。　　　　（　　）

3. 电子行业的货物价值较高，须明确保险及赔付条款。　　　　（　　）

4. 关注成本价值的物流客户大多是在市场上已经取得了一定的市场份额的企业。（　　）

5. 物流客户关注服务价值，其实关注的是通过物流企业服务的能力提高自身的服务水平。对于附加价值较低的产品或刚刚进入市场的产品，对服务能力价值的需求往往较大。　　　　（　　）

三、简答题

1. 物流客户需求的模式包括哪些？

2. 简述物流客户需求的价值种类。

3. 简述如何打造物流客户忠诚度。

拓展提升

在线问诊，送药上门！顺丰医药公司的"互联网＋医疗"解决方案助力疫情防控

随着新型肺炎疫情的蔓延，无人能够置身事外。作为医药物流人，保证患者的药品供应就是他们最大的责任。面对新冠肺炎疫情，顺丰医药公司利用自身优势，积极响应并开展行动，彰显企业担当。

新冠肺炎疫情暴发以来，全国多地医院纷纷开设互联网在线问诊服务，有效分流患者，缓解线下医疗资源紧张情况，降低医院交叉感染风险，提供初诊筛查、常见病、慢性病咨询、复诊开药等在线服务。

面对陡增的在线咨询量和不断开方的药品，如何高效、安全地将"在线药房"搬到患者家门口，成为各大医院亟待解决的问题。顺丰医药公司第一时间主动为天津微医互联网医院、海南省人民医院、中南大学湘雅医学院附属海口医院、海南医学院第一附属医院、深圳市慢性病防治中心、深圳市宝安人民医院（集团）等，提供互联网医院"着陆"方案：通过设立服务点、线上平台搭建、派驻服务团队等手段，帮助互联网医院打通药品（含中药）、器械线下物流配送，让患者无须到医院，"0接触"就医，助力居家防控。"线上问诊，送药上门"模式如图4-6所示。

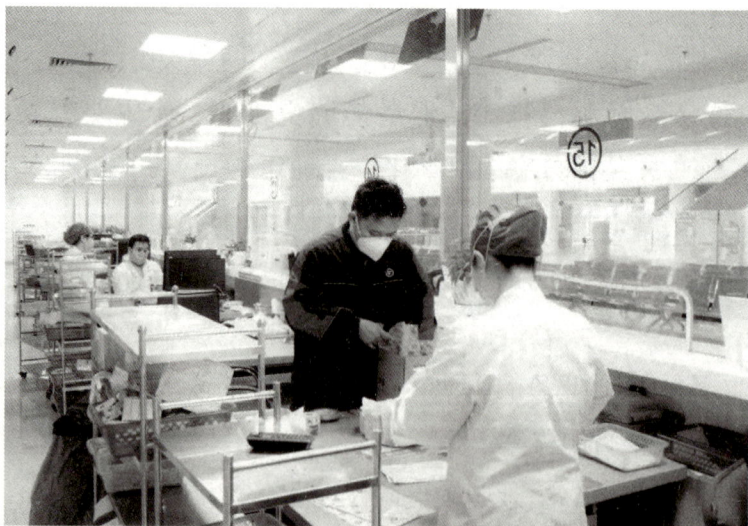

图 4-6　海南省人民医院药房的药品交接

顺丰医药顺丰医药从专注医药物流服务的专业角度出发，把药品全程质量安全放在首位，与医院在线问诊系统深度对接，进行线上程序化风控管理，信息高效自动化流转，实现"医生在线开药→患者在线缴费→药师拣药、复核→物流订单生成→顺丰小哥到院揽收"的无缝衔接。

揽收环节：顺丰医药公司进一步强化全程合规、核验操作，协助药师对处方和物流订单再复核，确保药品配送安全，全程提供可视化、可追溯服务，相比常规物品寄送增加了多重安全保障措施。海南省人民医院药房的药品交接如图4-6所示。

包装运输环节：严格按照防损、防湿、避光、保温（冷链药品）等要求包装药品，并标注药品属性，确保中转时在指定区域暂存堆放，全程优先中转、优先派送。例如，在微医互联网华润天津云药房完成药品分拣、打包后，由顺丰医药公司配送到患者家中（见图4-7）。

图4-7　药品的分拣、打包

派送环节：实行派前预约通知、收件人身份核验、短信或扫码口令签收，切实保障药品安全派送到收件人。

顺丰医药公司还将继续深化服务，加强后端安全用药指导、用药提醒，以及医嘱跟踪、复诊提醒等药事服务，打造"线上就医＋送药上门＋专业药事服务"闭环服务模式，力争为患者提供与线下医院就诊无差异感服务。

"在线问诊，送药上门"模式（见图4-8）不仅在当前有效降低了医院交叉感染风险，助力居家防控，未来也将极大便利患者就医需求，分流就诊，助推线下医疗资源高效配置，减轻医院药房压力，是慢性病复诊开药、常见病诊疗、个人健康管理的发展方向。顺丰医药公司正依托自身医药供应链领域的经验和优势，解决互联网医院、智慧医院建设发展中"O2O"落地难题。

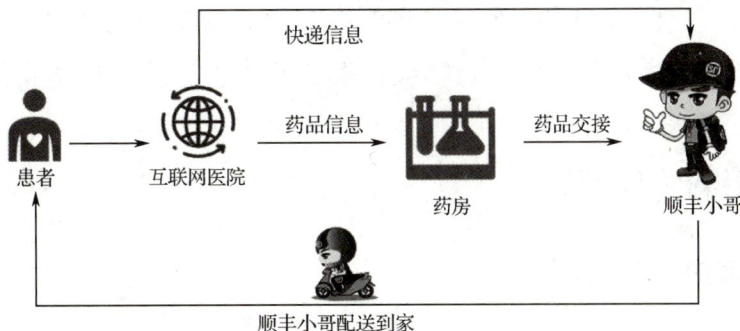

图4-8　"线上问诊，送药上门"模式

任务三　物流客户回访

任务情境

物流公司的业务员小王在和客户A公司的合作过程中，与其建立了良好的合作关系，从而使合作项目扩大了，业务量也增加了，获得了双赢的结果。另外，客服部还给小王布置了一项非常重要的任务，要小王及同事对公司的客户进行定期回访，了解客户的意见及建议，以便更好地为客户服务。

任务要求

请通过学习任务三，完成以下任务。

（1）将班级分成若干小组，以小组为单位，结合网络信息资源，针对该任务情境，分析物流客户回访信息，模拟小王对客户的回访工作及填写客户回访报告表。

（2）熟悉物流客户回访的目的、内容、流程及注意事项。

（3）撰写物流客户回访报告。

（4）各小组进行角色扮演，并进行小组自评、小组互评、教师点评。

知识准备

一、物流客户回访的意义及内容

（一）物流客户回访的意义

为了提高物流企业信誉和树立公司的品牌，全面了解物流客户的服务需求，获得物流客户认可，提升物流客户满意度，增强物流客户忠诚度，同时可以吸引更多的新物流客户，回访工作人员应对物流客户进行定期或不定期回访。

（二）物流客户回访的内容

物流企业对物流客户回访的内容主要有物流客户满意度、物流客户忠诚度、物流客户投诉率、物流客户流失率、货物到货率、货物破损率、差错售后回访和新业务介绍等。

二、物流客户回访的工作流程

（一）调取物流客户资料

（1）回访工作人员根据公司物流客户资料库和物流客户回访的相关规定，对所保存的物流客户信息进行分析。

（2）回访工作人员根据物流客户资料确定要拜访的物流客户名单及每个物流客户拜访的具体目的。

（二）物流客户拜访准备

1. 制订回访计划

回访工作人员根据物流客户资料制订"物流客户回访计划"，并根据公司业务情况，结合物流客户特点，选择适合的回访方式。

> "物流客户回访计划"应包括物流客户回访的大概时间、回访目的、回访内容等。

2. 预约回访时间或地点

回访工作人员应事先与物流客户联系，预约回访的时间或地点；在预约回访的时间或地点时要充分考虑物流客户的时间安排，尽量不打扰物流客户。

3. 准备回访资料

（1）回访工作人员根据"物流客户回访计划"准备物流客户回访的相关资料，包括物流客户基本情况（姓名、职务、联系方式等）、物流客户服务的相关记录和物流客户的特殊需求等。

（2）确定回访主体内容。回访工作人员在与物流客户沟通中，扮演的是公司的"发言人"角色。因此，对于回访内容，必须事先确定统一的用语。特别是技术性比较强的产品，其技术术语的解释非常重要。

（三）实施回访

1. 回访方式

可以采用电话、书信、电子邮件等各种通信方式进行回访。特别是提出中肯意见或良好建议的物流客户，一定要进行上门回访。

2. 回访的具体实施

（1）首次电话回访。

回访时机：物流服务一个月后，对物流客户进行第一次电话回访。

回访内容：了解物流服务的基本情况。

回访结果：将回访结果填入"物流客户回访记录表"的相应栏目中，在物流客户档案里存档；对于物流服务中的问题要及时解决；不能解决的问题按照公司正规方式向公司有关部门反馈；不能通过电话回访解决的问题必要时进行现场回访。

（2）常规电话回访。

回访时机：首次电话回访后，每半年对物流客户进行一次电话回访（见图4-9）。

回访内容：了解物流客户对物流服务的反馈问题或提出的需求。

回访结果：将回访结果填入"物流客户回访记录表"的相应栏目中，在物流客户档案里存档；对于物流服务中的问题要及时解决；不能解决的问题按照公司正规方式向公司相关部门反馈；不能通过电话回访解决的问题必要时进行现场回访。

（3）现场回访。

回访时机：对重要的物流客户每年至少进行一次现场回访，对特别重要的物流客户每半年进行一次现场回访。每次回访后部门主管或回访工作人员需要受访物流客户在"物流客户回访记录表"上签字（见图4-10）。

回访内容：详细了解物流客户新的需求与建议，寻求新的商务机会，加强与物流客户关系。

图4-9　电话回访

图4-10　现场回访

回访结果：将回访结果填入"物流客户回访记录表"的相应栏目中，在物流客户档案里存档；对于物流服务中的问题要及时解决；不能解决的问题按照公司正规方式向公司相关部门反馈。

3. 回访行为要求

对于现场回访，回访工作人员必须准时到达回访地点。回访工作人员的语言行为、形体行为都必须体现出公司企业文化。在回访中，要认真处理物流客户的投诉、疑惑等，应诚实、可信，并且对公司负责，对物流客户负责。

4. 回访信息记录

回访工作人员要热情，全面了解物流客户的需求和对服务的意见，并认真填写"物流客户回访记录表"。回访工作人员必须日清日结，对所回访的物流客户基本信息、需求及服务评价都要有书面记录。对于回访物流客户所提出的问题、建议都要有原始记录。

回访工作人员根据物流客户资料制订"物流客户回访计划"，包括物流客户回访的大概时间、回访目的、回访内容等，并应根据公司业务情况，结合客户特点，选择适合的回访方式。

（四）整理回访记录和处理

1. 回访工作人员编制回访报告

在结束回访的第二天，回访工作人员应根据"物流客户回访记录表"，对物流客户的回访过程和回访结果进行汇总和评价形成"物流客户回访报告"。

2. 部门主管审阅

部门主管对回访工作人员提交的"物流客户回访记录表""物流客户回访报告"进行审查，并提出指导意见，及时对回访结果提供处理意见。对于发现的问题要及时处理。原则上谁的问题谁负责任，并负责处理。

（五）资料保存和使用

（1）回访工作人员对"物流客户回访计划""物流客户回访记录表""物流客户回访报告"进行汇总，按照物流客户分类建立物流客户档案，以备参考。

（2）相关市场开拓和运营管理部门参考物流客户回访的相关资料制定"物流客户开发计划"和物流客户销售策略。

物流客户信息登记表和物流客户回访记录表如表 4-3 和表 4-4 所示。

表 4-3　物流客户信息登记表

物流客户类别（ ）公司名称		经营性质	
地　址		联系人、电话	
企业负责人电话		部门主管、电话	
企业规模			
沟通状况			
回访时间、对象			
回访记录			
回访时间、对象			
回访记录			
备　注			

职员：

表 4-4　物流客户回访记录表

编号：　　　　　　　　　　　　　　　　　　　　　　　　　年　　月　　日

回访的物流客户		联系电话		回访人	
回访内容					
回访记录	物流客户意见和要求		对策与建议		备注
对此次回访的满意度	□很好 □好 □一般 □差 □很差				
物流客户签字		部门主管意见			
		审核日期			

三、回访工作中的注意事项

与物流客户进行回访时，要注意以下方面。

（1）调整好情绪，声音听上去应该尽可能友好、自然，以便能很快取得物流客户的信任，使其能坦率地说话。

（2）物流客户一般不会觉得自己的认识有什么大问题，因此应使用推荐的介绍，进行正面引导、提醒，让他们感受到公司的专业性。

（3）要给那些没有准备的物流客户一定的时间，以便他们能记起细节。说话时语速不应太快，不应给物流客户留下"你正匆匆忙忙"的印象。

（4）一定要让物流客户把要说的话说完，不要打断他。对他说的话进行简要而清楚地记录。不说批评的话语，对物流客户的评述与表扬要进行记录。

（5）如果物流客户抱怨，不要找借口，只要对客户解释说已经记下了他的话。如果物流客户乐意的话，要确保公司的顾问会再打电话给他。物流客户的问题解决后要在第一时间及时回访物流客户，告知处理结果，表示对问题的重视。

任务实施

步骤一：小组分工，解读任务。

教师导入"任务情境"；进行班级学生分组，以4～6人为一组，每组选出组长；全体学生解读"任务要求"。

步骤二：小组合作，讨论、完成任务。

小组成员通过学习"知识准备"，了解相关基础知识后，可上网查询相关资料，熟悉不同企业的物流客户回访记录形式。

步骤三：展示成果，共同交流分享。

各小组轮流展示讨论成果，其他小组进行观摩学习。

步骤四：总结评价，记录提升。

各小组先对展示成果进行自评，然后小组互评，最后教师点评，每人完成"物流客户回访评价表"（见表4-5）。

表4-5　物流客户回访评价表

被考评人						
考评内容	任务三　物流客户回访					
考评标准	内容	分值	自我评价 20%	小组评价 30%	教师评价 50%	综合评价
	查阅资料的内容正确、完整	20				
	参与讨论的积极性	20				
	有团队合作精神	20				
	项目任务完成情况	40				
	总分	100				
	技能星级					

注：技能星级标准如下。

★：在教师的指导下，能部分完成某项实训作业或项目。

★★：在教师的指导下，能全部完成某项实训作业或项目。

★★★：能独立地完成某项实训作业或项目。

★★★★：能独立较好地完成某项实训作业或项目。

★★★★★：能独立并带动本组成员较好地完成某项实训作业或项目。

巩固练习

一、填空题

1.回访工作人员根据客户资料制定＿＿＿＿＿，包括物流客户回访的大概时间、回访目的、回访内容等。应根据公司业务情况结合＿＿＿＿＿选择适合的回访方式。

2.回访的目的之一是与物流客户建立情感关系。＿＿＿＿＿的物流客户是重点回访对象。

3.＿＿＿＿回访的内容是了解产品使用情况，注重了解物流客户对产品基本功能是否掌握。

4.常规电话回访的时机是在＿＿＿＿后，每＿＿＿对物流客户进行一次电话回访。

5.对于＿＿＿＿每年至少进行一次现场回访，对于特别重要物流客户每＿＿＿进行一次现场回访。

6.相关市场开拓和运营管理部门参考＿＿＿＿＿＿＿＿相关资料制定"客户开发计划"和＿＿＿＿＿＿＿＿。

二、判断题

1.对于现场回访，回访工作人员必须准时到达回访地点。回访工作人员的语言行为、形体行为都必须体现出公司企业文化。　　　　　　　　　　　　（　　）

2.在物流客户回访后，对于发现的问题及时处理。原则上谁的问题谁负责任，并负责处理。　　　　　　　　　　　　　　　　　　　　　　　　　（　　）

3.物流客户一般不会觉得自己的认识有什么大问题，因此应使用推荐的介绍，进行正面引导、提醒，让他们感受到公司的专业性。　　　　　　　　　　　（　　）

4.回访工作人员必须月清月结，对所回访的物流客户基本信息、需求及服务评价都要有书面记录。　　　　　　　　　　　　　　　　　　　　　　　（　　）

5.物流服务一个月后，对物流客户进行常规电话回访。　　　　　　　（　　）

三、简答题

1.物流企业对物流客户回访的内容主要有哪些方面？

2.简述物流客户回访的工作流程。

3.在回访物流客户时，有哪些注意事项？

拓展提升

撰写物流客户回访报告

物流客户回访报告是回访工作人员结束回访任务后，在一定时期内归纳总结回访物流客户的情况，进一步对回访信息分析、整合，以便更好地判断物流客户的价值、类型和需求趋势，从而完善物流客户服务。撰写物流客户回访报告完毕后，将其交由部门主管审阅并存档。企业管理层通过物流客户回访报告了解市场需求、物流客户满意度、服务水平的认可度等。企业可以根据物流客户意见改进服务质量，根据物流客户需求定制个性化服务，根据物流客户需求意向创造新服务。

撰写物流客户回访报告步骤如下。

1. 根据回访资料，填写物流客户回访报告表（见表4-6）

表4-6　物流客户回访报告表

编号：　　　　　　　　　　　　　　　　　　　日期：　　　年　　月　　日

回访时间		回访工作人员		回访对象	
回访目的		回访形式		回访结果	
回访主要内容					
物流客户主要意见	物流客户对服务评价				
	物流客户对服务期望				
改善物流客户服务对策					
回访中遇到的问题					
备注／说明					
部门主管审核意见					

2. 分析物流客户回访信息

一份物流客户回访报告要准确反映以下信息。

（1）回访了哪些物流客户。

（2）回访的主要信息。

（3）回访的物流客户对公司的意见或建议。

（4）回访的物流客户对公司的总体评价。

（5）回访工作人员对回访的看法或评价。

（6）回访工作人员对公司的意见或建议。

3. 撰写物流客户回访报告

以下是××公司物流客户回访报告，仅供参考。

报告名称：公司物流客户回访报告

回访地点：北京、广州、上海、南京

回访方式：上门回访、电话回访、发电子邮件回访

回访时间：2017年4～6月

回访人数：500位被访者

回访机构：××公司物流客户服务部

2017年第一季度所有物流客户基本回访一遍。截至2017年6月底，共回访客户500位。通过本次回访，发现很多问题，较为突出的问题如下。

（1）针对库存管理、运输配送、物流信息系统建设等方面的问题反映较多。反映此类问题的物流客户占回访数量的60%以上。

（2）有物流客户反映自己的公司从来没出现在会员推荐及精品推荐中（后经核查并没有漏掉该公司）。由此可见，物流客户比较喜欢、也比较在乎是否出现在首页相关推荐中。

（3）有部分会员不在××物流网上发布信息，也很少上××物流网，原因之一是针对自己产品的求购信息太少，觉得发了也没用。很多物流客户上××物流网的次数正在逐渐减少。

（4）少数极度不满的物流客户提到别的同类网站或杂志，值得关注。

（5）有部分我们自认为很好的物流客户电话询问的很多，但真正成交的很少。总之，通过网络拿到这部分物流客户的订单很少，且其一般都是小订单。

（6）物流客户原来的期望很高，但一两个月没有效果，便使其逐渐失去兴趣。

（7）另有两个物流客户提出，会员应分等级，拉开档次。

（8）在回访的物流客户中，完全熟练操作计算机并利用网络宣传企业的很少。不过，即使不会发布信息的人也知道如何浏览求购信息，即企业只关心求购信息。

回访工作人员总结：

（1）经过本次回访，很多对××物流网不满的物流客户对××物流网的感觉好了很多，包括几个愤怒的物流客户也已经平息怒气。

（2）对于物流客户反映的问题，当时能解决的当时就解决了，没有解决的在本周内解决。

（3）通过本次回访，感觉到回访工作还是比较重要的，应该逐步建立物流客户回访制度，回访须再培训、再锻炼。

任务四 物流客户满意度评价与分析

📖 任务情境

为增加品牌效应，某快递物流公司董事局决定扩大广告宣传。但在宣传的内容上，大家产生了很大的分歧：销售经理认为广告宣传应该如实宣传物流企业优势；财务副总经理则认为应该对物流企业服务优势扩大宣传；营销总监则认为应该对物流企业的服务优势进行有所保留的宣传。面对不同的看法，该公司总经理陷入了沉思。如果你是该公司的负责人，你觉得该如何宣传。

🎯 任务要求

请通过学习任务四，完成以下任务。

（1）将班级分成若干小组，以小组为单位，结合网络信息资源，针对该任务情境，查询相关信息，尝试有理有据地回答任务情境中的问题。

（2）了解物流客户满意度的含义和因素分析。

（3）掌握物流客户满意度的评价与提高满意度的方法。

（4）各小组进行角色扮演，并进行小组自评、小组互评、教师点评。

知识准备

一、物流客户满意度概述

物流客户服务是一种增值服务，可以增加购买者所获得的效用。因此，良好的物流客户服务会提高产品价值，提高物流客户的满意度。

（一）物流客户满意度的含义

图 4-11　客户满意

物流客户满意度就是物流客户对所购买的物流产品和服务的满意程度，以及未来继续购买的可能性，是物流客户满意程度的感知性评价指标，是物流客户的一种心理反应（见图 4-11）。

对企业来说，不满意的客户下次就不会再购买企业的产品或服务；一般满意的客户一旦发现有更好、更便宜的产品或服务后也会很快地更换企业；只有非常满意的客户才能成为企业的忠诚客户。因此，现代物流企业把追求物流客户的满意作为自己的经营目标。

（二）影响物流客户满意度的因素

影响物流客户满意度的因素是多方面的，一般可归结为以下五个方面。

1. 企业因素

物流企业是物流服务的提供者，其规模、效益、形象、品牌和公众舆论等在内部或外部表现出来的东西都将影响物流客户的判断。如果物流企业给物流客户造成了很恶劣的影响，很难想象物流客户会考虑选择其物流服务。

2. 物流服务因素

首先，物流服务如果有明显的优势或个性化较强，则容易获得物流客户满意。其次，要看物流服务的多少。如果物流服务较多，则容易获得物流客户满意。如果其物流服务与其他物流企业差不多，则物流客户很容易转向他处。最后，如果物流服务在包装、运输等方面做得细致，就会使物流客户满意。

3. 营销与服务体系

物流企业的营销与服务体系是否有效、简洁，能否为物流客户带来方便，售后服务时间的长短，服务人员的态度、响应时间，投诉与咨询的便捷性等都会影响物流客户满意度。同时，经营商作为中间物流客户，有其自身的特殊利益与处境。物流企业通过良好的物流服务赢得经销商的信赖，提高其满意度。

4.沟通因素

物流企业与物流客户的良好沟通是提高物流客户满意度的重要因素。在很多情况下，物流客户对物流服务项目不了解，需要物流企业提供咨询服务。当物流客户因为物流服务中存在的问题要向物流企业投诉时，如果与物流企业缺乏必要的渠道或渠道不畅，就容易引使物流客户不满意。

5.客户关怀

所谓客户关怀是指物流企业对其物流客户从购买服务到购买服务后所实施的全程服务活动，如及时完善的售后服务。无论物流客户是否咨询、投诉，物流企业都应主动与物流客户联系，对物流服务等方面可能存在的问题主动向物流客户征求意见，帮助物流客户解决以前并未提出的问题，倾听物流客户的抱怨、建议。

> 通常客户关怀能大幅度提高和增加物流客户满意度。但客户关怀不能太频繁，否则会造成物流客户的反感，适得其反。

二、物流客户满意度评价

（一）物流客户满意度评价的原则和内容

物流客户满意度评价是物流客户服务评价的一个重要方法，是从物流客户感受的角度研究物流客户服务过程质量的方法，包括面向供应链终端的服务满意度评价和面向供应链伙伴的服务满意度评价。

1.评价原则

在物流客户服务评价过程中，主要有以下一些通用性的原则。

（1）准确性原则。在进行物流客户服务评价时，首先应明确评价的目标、对象是什么，功能目标是什么。不准确的目标、不准确的对象肯定会得出不准确的结论。

（2）过程化原则。把物流客户服务放在供应链运行过程中考察，并且把物流客户服务本身作为一个过程考察，从各环节、各要素发现问题、评价考核，即使对于某个环节、某个节点的专项物流客户服务评价，也应如此。

（3）连续性原则。把物流客户服务评价作为一个连续性工作来做，每次评价虽然各有侧重，但整个过程、各次评价都应该相互关联。

（4）内部评价与外部评价相结合原则。从方式上来看，物流客户服务可由物流企业内部评价，也可由专业评价机构评价，但最好是将二者结合起来。

2.评价内容

（1）测定物流客户预期的服务质量。要求物流客户配合回想以往消费该服务的经验或口碑的影响，确定对该服务的预期质量水平。测定的指标包括对服务质量的总体期望值、对服务个性化的期望值和对服务可靠性的期望值。

（2）测定物流客户近期所感受的服务质量。选择适当的客户，要求他们对近期接受的服务进行评价。测定的内容包括对当前经历的服务质量的总体评价、对服务个性化的评价和对服务可靠性的评价。

（3）测定物流客户感知价值。要求物流客户评价其付出的价格与所获得服务的质量匹配情况。

（4）测定总体物流客户满意度。测定的内容测定总体满意度水平；测定服务优于或劣于期望水平的差距；测定现实服务与理想服务水平的差距。

（5）测定物流客户抱怨。物流客户抱怨情况可以反映出物流企业与物流客户的沟通水平和管理水平。

（6）测定物流客户忠诚度。通过测量物流客户获得服务感受后再接受服务的倾向性。

（二）物流客户满意度评价的程序与方法

1. 物流客户满意度的评价程序

对物流客户满意度进行评价，一般采取的程序如下。

（1）进行物流客户满意度调查。一般可采用问卷法、协调办公法、专家共评法和技术分析法等。

（2）进行物流客户满意度对比分析。根据物流客户、市场的反馈信息，将获得的资料与历史数据和竞争对手相比，找出差距，寻求改进方案。

（3）改进实施方案，获得改进措施。

（4）确认改进效果，不断提高物流客户满意水平。

2. 物流客户满意度的评价方法

（1）问卷法。这种方法是在物流客户满意度评价方法中被广泛使用的方法，比较简单。只要明确物流客户目标，锁定问题，所问问题不涉及企业机密和物流客户隐私就可以。

> 调查问卷的内容应包括：物流客户基本情况、总体满意度、服务指标、沟通渠道和主动服务、与竞争对手的产品和服务方面的比较、物流客户再次购买和向其他人推荐的倾向性、问题与建议等。

（2）协调办公法。协调办公法就是合作各方聚集在一起，共同探讨合作过程中的不足，商讨解决问题的措施，完善服务方案的一种方法。此种方法最大的特点是能够互通信息、表达真实愿望，即时进行评价，解决实际问题。这种方法应该与问卷法一起使用，做到务实。

（3）专家共评法。在影响供应链伙伴关系的服务质量的因素中，有一些是观念因素、人为因素，还有许多是技术因素。有些技术因素的影响可能并不是员工所能解决的，此时就应该聘请专家进行共评。专家共评法是由专家组对物流伙伴的服务进行专业性综合评价，掌握服务现状，发现影响服务质量提高的深层次原因，制定解决方案和操作规程的一种方法。

注意，专家共评法不能由物流企业单独展开，而是各合作伙伴共同组建专家组，共同开展评价，这样才能使各方受益。

以下为"德邦公司物流客户满意度调查问卷"，仅供参考。

德邦公司物流客户满意度调查问卷

尊敬的客户：

您好！感谢您一直以来对我公司工作的支持和帮助！

根据我公司发展的要求，我们将从现在开始展开物流客户满意度调查，请您根据我公司的具体情况对我公司的服务进行评价，感谢您在百忙之中抽出 5 ～ 10 分钟时间思考并填写每个调查项目。您的评价将是我们日后改善的依据！

再次感谢您的支持，祝您工作愉快！

一、个人资料

姓名：　　　　　　　　　　年龄：　　　　　　　　　　职业：

联系电话：　　　　　　　　电子邮箱：

二、德邦公司物流各方面整体调查

1.您使用过德邦公司为您提供的物流服务吗？

　A. 经常　　　　　　　　B. 偶尔　　　　　　　　C. 从来没有

2.德邦公司为您提供物流服务约有多长时间？

　A. 半年以下　　　　　　　　　　　　B. 半年到一年之间

　C. 一年到三年之间　　　　　　　　　D. 三年以上

3.您对德邦公司物流服务的总体评价是什么？

　A. 非常满意　　　　B. 满意　　　　C. 一般　　　D. 不满意　　E. 非常不满意

4.德邦公司物流服务最吸引您的地方是什么？

　A. 品牌　　　　B. 时效　　　　C. 服务　　　D. 安全　　　E. 其他

5.您对德邦公司物流服务印象最深刻的是什么？

　A. 整体感觉很干净　　B. 服务态度热情　　C. 走货比较放心　　D. 其他

6.您对德邦公司物流服务的哪些人员的满意度最高？

　A. 司机　　　　　　　　B. 柜台人员　　　　　　C. 外场人员　　　　　　D. 全国物流客服人员

E. 其他人员

7. 您发货时最在意的问题是什么？

    A. 办单速度快　　　　B. 时效有保证　　　　C. 理赔有保障　　　　D. 服务态度好

8. 您接触到的司机的服务态度怎样？

    A. 非常好　　　　B. 比较好　　　　C. 一般　　　　D. 不好

    E. 非常不好

9. 您接触到的柜台服务人员的服务态度怎样？

    A. 非常好　　　　B. 比较好　　　　C. 一般　　　　D. 不好

    E. 非常不好

10. 您接触到的外场人员的服务态度怎样？

    A. 非常好　　　　B. 比较好　　　　C. 一般　　　　D. 不好

    E. 非常不好

11. 您在接受服务时最在意哪些人的服务态度？

    A. 司机　　　　B. 柜台人员　　　　C. 外场人员　　　　D. 其他人员

12. 您认为德邦公司物流服务办单人员的办单速度如何？

    A. 非常快　　　　B. 比较快　　　　C. 一般　　　　D. 有点慢　　　E. 很慢

13. 您发货或提货时会在意服务人员跟您说"您好"吗？

    A. 非常在意　　　　B. 比较在意　　　　C. 一般　　　　D. 不在意

14. 您发货或提货时会在意服务人员给您倒水吗？

    A. 非常在意　　　　B. 比较在意　　　　C. 一般　　　　D. 不在意

15. 您觉得服务人员给您递送的宣传资料对您来说有用吗？

    A. 完全没用　　　　B. 基本没用　　　　C. 有用　　　　D. 用处很大

16. 如果服务人员对您的问题不能全部解答，您还会继续选择德邦公司物流服务吗？

    A. 肯定会　　　　B. 会　　　　C. 不一定会　　　　D. 肯定不会

17. 当服务人员很忙时，您可能需要等待服务人员为您服务，这时您的感受是什么？

    A. 完全不能等　　　　　　　　B. 如果给我倒杯水，我可以耐心地等一下

    C. 等待时间过长就不能等　　　D. 不在乎是否等多久

18. 您希望德邦公司为您提供哪些增值服务？

    A. 仓储　　　B. 包装　　　C. 接货　　　D. 送货　　　E. 其他

三、提高物流客户满意度的方法

（一）提供个性化的产品或服务

随着消费需求的个性化、多样化发展，物流客户对能展现个性的产品或服务更加青睐。

在保持一定市场规模的同时，针对不同物流客户，为其设计并提供个性化的产品或服务，使其满意，这是终端物流的责任和义务。

（二）增强物流客户体验

物流客户在购买产品或服务时是在接受一种体验。增强物流客户体验就是一种增强物流客户信任感的有效方法。

（三）制定服务质量标准

合理有效的服务质量标准，主要体现在质量标准的可靠性、反应速度上，表现为企业能在恰当的时间，以正确的货物状态和货物价格，伴随准确的商品信息，将商品送达准确的地点。以适当的产品和服务来满足物流客户需要，将有助于提高物流客户满意度。

（四）重视客户关怀

实施客户关怀的重点在于物流客户所关心的产品或服务的质量，主要涵盖以下三个方面的内容。

（1）购买前：客户关怀为鼓励和促进物流客户购买做了铺垫。

（2）购买中：客户关怀可以激发物流企业为物流客户提供更全面优质的服务。

（3）购买后：客户关怀促进物流客户信任的形成和巩固，使物流客户能够重复购买。

任务实施

步骤一：小组分工，解读任务。

教师导入"任务情境"；进行班级学生分组，以4～6人为一组，每组选出组长；全体学生解读"任务要求"。

步骤二：小组合作，讨论、完成任务。

小组成员通过学习"知识准备"，了解相关基础知识后，可上网查询相关资料，了解不同行业对评价物流满意度的不同要求等信息。

步骤三：展示成果，共同交流分享。

各小组轮流展示讨论成果，其他小组进行观摩学习。

步骤四：总结评价，记录提升。

各小组先对展示成果进行自评，然后小组互评，最后教师点评，每人完成"物流客户满意度评价与分析表"（见表4-7）。

表 4-7 物流客户满意度评价与分析表

被考评人						
考评内容	任务四 物流客户满意度评价与分析					
考评标准	内容	分值	自我评价 20%	小组评价 30%	教师评价 50%	综合评价
	查阅资料的内容正确、完整	20				
	参与讨论的积极性	20				
	有团队合作精神	20				
	项目任务完成情况	40				
	总分	100				
	技能星级					

注：技能星级标准如下。

★：在教师的指导下，能部分完成某项实训作业或项目。

★★：在教师的指导下，能全部完成某项实训作业或项目。

★★★：能独立地完成某项实训作业或项目。

★★★★：能独立较好地完成某项实训作业或项目。

★★★★★：能独立并带动本组成员较好地完成某项实训作业或项目。

巩固练习

一、填空题

1. 物流客户服务是一种_____，增加购买者所获得的_____。因此良好的物流客户服务会提高_____，提高_____。

2. 物流客户的满意度是由客户对产品或服务的_____与物流客户所购买的产品或服务所感知的_____这两个因素来决定的。

3. 现代物流企业把追求物流客户的_____作为自己的经营目标。

4. 影响物流客户满意的因素是多方面的，涉及_____、_____、营销与服务体系、物流企业与物流客户的沟通及_____等各种因素。

5. 实施客户关怀的重点在于物流客户所关心的产品或服务的质量，主要涵盖以下三个方面的内容：_____、_____、_____。

二、判断题

1. 物流客户满意度分为不满意和满意两种类型。   （   ）

2. 专家共评法就是合作各方聚集在一起，共同探讨合作过程中的不足，商讨解决问题的措施，完善服务方案的一种方法。   （   ）

3. 选择适当的客户，要求他们对近期接受的服务进行评价。测定的内容包括对当前经历的服务质量的总体评价、对服务个性化的评价和对服务可靠性的评价。   （   ）

4. 通常客户关怀能大幅度提高和增加物流客户满意度。但客户关怀不能太频繁，否则会造成物流客户的反感，适得其反。   （   ）

5. 对企业来说，一般满意的客户一旦发现有更好、更便宜的产品或服务，会很快地更换

企业，只有非常满意的客户才能成为企业的忠诚客户。   （   ）

三、简答题

1. 简述物流客户满意度的含义。

2. 影响物流客户满意度的因素可以归结为哪几个方面？

3. 简述提高物流客户满意度的方法。

4. 简述对物流客户满意度进行评价时，一般所采取的程序。

拓展提升

麦德龙公司提高客户满意度的方法

德国麦德龙（Metre）公司是一家世界著名的零售业集团。该公司以低价格吸引顾客，配合以会员制、现购自运配售制、供应链管理、一定的本土化、创造积极的社会形象、建立强大的销售网点等手段提高客户满意度，从而获得忠诚的客户。该公司提高客户满意度的一些策略值得学习和借鉴。

1. 客户限定

麦德龙公司更愿意服务于集团采购的客户群。如果麦德龙公司不限定客户，让所有人全进来，那么运营成本就要增加，管理难度也加大。限定了客户就可以更容易地分析客户的特定需求，增加其喜欢的商品，移去他们不需要的商品。麦德龙公司只关注目标客户，知道他们需要什么，就可以控制品种数目，提高客户满意度。

2. 主动接近客户

麦德龙公司认为无论做什么，都不要忘了供应链的另一端是客户，这是最重要的。麦德龙公司一贯坚持"主动接近客户"的做法，因为整个供应链的运作都是由客户来推动的。因而，麦德龙公司能站在客户的角度去思考，提供更加完善的商品和服务。

3. 为客户提供良好的购物环境

麦德龙公司具有"一站购足"的专业客户的超级仓库、新鲜的保证、完善的售后服务、专业的大型手推车、直接邮寄的方式、内容详尽的发票、严格的商品质量控制、长时间的营业。

4. 为经营人员提供详尽的客户信息

麦德龙公司的物流信息详尽地反映了销售情况，提供销售数量和品种信息。麦德龙公司的物流信息记录了各类客户的采购频率和购物结构，准确地反映了客户的需求动态和发展趋势。

5. 为客户提供贴身服务

麦德龙公司采取会员制，对其客户（特别是中小型零售商）提供贴身服务，如咨询服务、定期发送资料、组织"客户顾问组"等，对客户购物结构进行分析，同主要客户进行讨论，帮助客户做好生意。

6. 设立专门的客户咨询员

在中国的麦德龙零售商店有15个客户咨询员。他们每天都跑出去拜访客户，了解客户需求与满意度。麦德龙公司按照客户距离商店的路程远近、满意程度的高低，将客户进行分类，对他们进行重点分析和研究。

讨论

> 麦德龙公司为了提高客户满意度，采取了哪些策略？

任务五　认识客户关系管理系统

任务情境

联邦快递公司在某地的分公司有数百名员工。其中，80人在呼叫中心工作，主要任务除了接听成千上万的电话外，还要主动打出电话与客户联系，收集客户信息。

呼叫中心的员工先要经过一个月的课堂培训，然后接受两个月的操作训练，学习与客户打交道的技巧，最后考核合格后，才能正式接听客户来电。

另外，该公司为了了解客户需求，有效控制呼叫中心服务质量，每月都会从每个接听电话员工负责的客户中抽取5人，打电话询问他们对服务品质的评价，了解其潜在需求和建议。

任务要求

请通过学习任务五，完成以下任务。

（1）将班级分成若干小组，以小组为单位，结合网络信息资源，针对该任务情境，模拟呼叫中心的客服电话。

（2）熟悉客户关系管理的含义与内容。

（3）熟悉物流客户关系管理的实施步骤。

（4）各小组进行角色扮演，并进行小组自评、小组互评、教师点评。

知识准备

一、客户关系管理的含义与作用

（一）客户关系管理的含义

客户关系管理（Customer Relationship Managment，CRM）描述的是我们如何与客户打交道及如何积极处理客户关系，是一种真正意义上的管理体制，包括如何为客户开展工作，如何解决客户问题，如何刺激客户购买公司的产品和服务，以及如何进行财务交易。简单地说，客户关系管理包括我们与客户打交道的所有方面。

客户关系管理是企业以客户关系为重点，通过开展系统化的研究，不断改进与客户关系相关的全部业务流程，使用先进的技术优化管理，提高客户满意度和忠诚度，实现电子化、自动化运营目标，从而提高企业的效率和效益的过程。其内涵是企业利用 IT 和互联网技术实现对客户的整合营销，是以客户为核心的企业营销技术的实现（见图 4-12）。

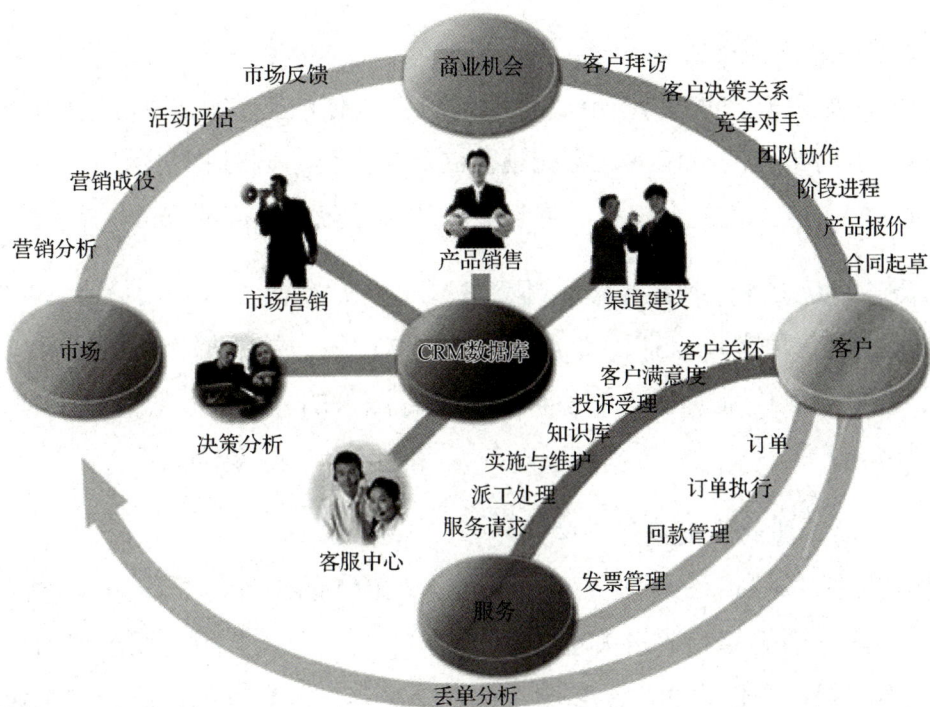

图 4-12　CRM 数据库

（二）客户关系管理的作用

由于 CRM 独创性的管理手段与管理理念，真正把"以客户为本"的观念结合到企业的日常业务之中，并在多个方面改善企业的管理，具体表现在以下几方面。

1. CRM 能够加快企业对客户的响应速度

CRM 改变了企业的运作流程，企业可以采用多种方式与客户直接进行交流，从而大幅缩短了企业对客户的响应时间，这样企业也能更敏锐地捕捉到客户的需求，以便为改进企业的业务提供可靠的依据。

2. CRM 能够帮助企业改善服务

CRM 向客户提供主动的客户关怀，根据销售和服务历史提供个性化的服务，在知识库的支持下向客户提供更专业化的服务和严密的客户纠纷跟踪，这些都成为企业改善服务的有力保证。

3. CRM 能够提高企业的工作效率

因为 CRM 建立了客户与企业打交道的统一平台，客户与企业一接触就能完成多项业务，所以办事效率也得到了大幅提高。不少重复性的工作（如批量发传真、电子邮件）都由计算机系统完成，而工作的效率和质量都是人工无法比拟的。

4. CRM 能够有效地降低成本

通过 CRM 的运用使得团队销售的效率和准确率都得到了很大的提高，同时，服务质量的提高也使得服务时间和工作量大大降低，这些都在无形中降低了企业的运作成本。

5. CRM 软件能够规范企业的管理

CRM 不仅提供了统一的业务平台，而且通过自动化的工作流程将企业的各种业务紧密结合起来，这样就将个人的工作纳入企业规范的业务流程，同时将发生的各种业务信息存储在统一的数据库中，最大程度上避免了重复工作及人员流动造成的损失。

6. CRM 能够帮助企业深入挖掘客户的需求

CRM 注意收集各种客户信息，将这些信息存储在统一的数据库中的同时，也提供了数据挖掘工具，能够帮助企业对客户的各种信息进行深入的分析和挖掘，从而使得企业"比客户自己更了解客户"。

7. CRM 能够为企业的决策提供科学的支持

CRM 是建立在"海量"的数据库之上的，而 CRM 的统计分析工具则能帮助企业了解信息和数据背后蕴含的规律和逻辑关系。通过 CRM 系统企业希望可以了解到更多的客户的需求，能够为客户提供个性化的产品和服务，在提高客户满意度的同时，使企业获得更大的利润（见图4-13）。

通过对 CRM 系统的了解，可以这么认为，现代企业对客服岗位的演变需求，事实上也是 CRM 系统的演变方向。

图 4-13　CRM 系统

二、客户关系管理的内容

CRM 本身是一种管理方法，其主要内容包括销售自动化、营销自动化、客户服务与支持、商务智能等。

1. 销售自动化

销售自动化具有以下功能。

（1）现场销售。

（2）电话销售与网络销售。

（3）客户管理。客户管理包括现有客户管理、潜在客户管理。公司各个部门所获得的客户信息能够以集成的方式存放在公司的数据仓库中，并且能够分析和有效利用这些信息来改善与客户的关系，以便吸引更多的客户。

（4）佣金管理。为准确地考核员工的业绩，提供客观的数据，可采取佣金管理。同时，也可灵活地设置佣金的提成方法，并且依据佣金的提成方法计算出每个销售人员的佣金数。

（5）日历日程表。

2. 营销自动化

营销自动化是指通过营销计划的编制、执行和结果分析，清单的产生和管理，预算和预测资料管理，建立产品定价和竞争等信息的知识库，提供营销百科全书并进行客户跟踪、分销管理，以达到营销活动的目的。营销自动化的主要功能有以下几个。

（1）营销活动管理。记录各项营销活动的有关项目信息，如地点、开始日期、任务进度、责任人等。

（2）营销百科全书。为公司提供有关产品的定价、性能、竞争等信息。

（3）网络营销。

（4）日历日程表。

3. 客户服务与支持

客户服务与支持是客户关系管理中的重要部分，是通过呼叫中心和互联网来实现的，有利于产生客户的纵向及横向销售业务。客户服务与支持的功能一般包括产品安装跟踪、服务合同管理、求助电话管理、退货和检修管理、投诉管理和知识库、客户关怀和日历日程表等。

4. 商务智能

在 CRM 中，商务智能包括销售智能、营销智能、客户智能等。它是一种报表生成、分析和决策支持的工具。

三、物流客户关系管理

（一）物流客户关系管理的含义

物流客户关系管理就是把物流的各个环节作为一个整体，从整体的角度进行系统化客户管理，包括对企业相关的部门和外部客户业务伙伴之间发生的从产品（或服务）设计、原料和零部件采购、生产制造、包装配送，直到终端客户全过程中的客户服务的管理。它是基于物流、资金流、信息流，通过合作伙伴关系，实现信息共享、资源互动和客户价值最大化，并以此提升企业竞争力的一种管理系统。它并不是指单纯的管理软件和技术，而是融入企业经营理念、生产管理、市场管理和客户服务等内容的管理方法。

（二）物流企业运行 CRM 的步骤

物流企业实施 CRM 的步骤如下。

1. 明确实施的必要性

虽然 CRM 已经是一种潮流，但并不是每个企业都需要，企业应当根据自己的实际情况进行决策。

（1）对产品单位价值较低、客户终身价值低、规模小、业务流程简单、供应商不多的企业来说，应用 CRM 不但成本过高，而且成效可能并不显著。

（2）对产品种类多、拥有众多贵宾客户、业务流程中需要处理大量信息、产品持续升级、拥有雄厚资产的企业来说，客户关系管理则是不可缺少的。

2. 审查实施基础

CRM 要发挥作用就必须有平台作为支撑。实施 CRM 之前应当对企业的管理水平、运作流程、员工的素质、客户数据库的管理、信息系统结构、客户信息的处理能力等基础条件进行全面的审查。

3. 制定实施目标

实施 CRM 是一项长期复杂的系统工程，企业应当在认真研究和反复论证的基础上，制定长期、中期和短期的阶段性目标。

4. 梳理业务流程

梳理业务流程是每个准备实施 CRM 的企业必须做的。企业应当着重从现有的营销、销售和客户服务体系进行业务流程的分析，找出存在的问题，以便更有针对性地选择需要的技术。

5. 进行结构设计

CRM 体系的结构包括客户支持平台、客户交互平台、企业生产平台及信息技术系统。在进行结构设计时，应当充分重视与企业原有的采购、库存、财务等管理系统相契合，实现

系统之间的无缝对接。

6. 全面实施

对许多企业来说，实施 CRM 最困难的不是技术，而是来自企业内部方方面面的阻力。企业可以通过宣传沟通、技术培训等手段，统一全体员工的认识，激励他们投入到变革中去。

7. 绩效评价

在实施 CRM 的过程中，企业还应当适当地对实施进程和实施效果做出准确的评价，并利用评价结果进行纠偏。因此，完善的信息反馈系统就显得尤为重要。

任务实施

步骤一：小组分工，解读任务。

教师导入"任务情境"；进行班级学生分组，以 4～6 人为一组，每组选出组长；全体学生解读"任务要求"。

步骤二：小组合作，讨论、完成任务。

小组成员通过学习"知识准备"，了解相关基础知识后，可上网查询相关资料，了解 CRM 在物流企业中的具体实施优势。

步骤三：展示成果，共同交流分享。

各小组轮流展示讨论成果，其他小组进行观摩学习。

步骤四：总结评价，记录提升。

各小组先对展示成果进行自评，然后小组互评，最后教师点评，每人完成"认识客户关系管理系统评价表"（见表 4-8）。

表 4-8　认识客户关系管理系统评价表

被考评人						
考评内容	任务五　认识客户关系管理系统					
考评标准	内容	分值	自我评价 20%	小组评价 30%	教师评价 50%	综合评价
	查阅资料的内容正确、完整	20				
	参与讨论的积极性	20				
	有团队合作精神	20				
	项目任务完成情况	40				
	总分	100				
技能星级						

注：技能星级标准如下。

★：在教师的指导下，能部分完成某项实训作业或项目。

★★：在教师的指导下，能全部完成某项实训作业或项目。

★★★：能独立地完成某项实训作业或项目。

★★★★：能独立较好地完成某项实训作业或项目。

★★★★★：能独立并带动本组成员较好地完成某项实训作业或项目。

巩固练习

一、填空题

1. CRM 向客户提供主动的客户关怀，根据_____和_____提供个性化的服务，在知识库的支持下向客户提供_____和严密的客户纠纷跟踪，这些都成为企业改善服务的有力保证。

2. 由于 CRM 独创性的管理手段与管理理念，真正把"_____"的观念结合到企业的日常业务之中，并在多个方面改善企业的管理。

3. 实施 CRM 之前，应当对企业的_____、_____、员工的素质、客户数据库的管理、_____、客户信息的处理能力等基础条件进行全面的审查。

二、判断题

1. 对于客户的求助电话，按照优先权规则进行及时处理，分派服务人员，并记录求助所需的配件与人工等。　　　　　　　　　　　　　　　　　　　　（　　）

2. 在传统的管理理念及现行的财务制度中，只有厂房、设备、现金、股票、债券等是资产。这种划分资产的理念，是一种开放式的观点。　　　　　　　　　（　　）

3. CRM 是一种工具，作为工具，要发挥作用就必须有平台作为支撑。　（　　）

4. 物流客户关系管理就是把物流的各个环节作为一个整体，从整体的角度进行系统化客户管理。　　　　　　　　　　　　　　　　　　　　　　　　　（　　）

三、简答题

1. 简述 CRM 的内容。
2. 简述物流企业实施 CRM 的步骤。
3. 简述客户关系管理的作用。
4. 客户服务与支持的功能一般包括哪些内容？

拓展提升

用户至上！叮咚买菜的高活跃用户运营之道

叮咚买菜正式成立于 2017 年 4 月，总部位于上海，是一款主要解决用户买菜难和买菜麻烦的生鲜零售 App。其平台上的商品，涉及各种蔬菜、水果、肉蛋禽、鲜活的鱼虾、日配（米面粮油、调料）等。

叮咚买菜的创始人梁昌霖表示："买菜是刚需、高频的事情，我们要解决的就是用户'买菜难'的问题。小区门口有很多水果店，但菜市场却非常少，而有的小区甚至菜市场都没有，用户下午就很难买到新鲜的蔬菜。我们做的就是用最快的速度给用户送到家新鲜的蔬菜、水产、肉蛋禽，0 配送费，一根葱都免费送到家。"

相对于规模，叮咚买菜把复购率看得更重。而提升复购率的秘诀，在于以用户为中心，痴迷于用户。梁昌霖认为，单纯追求规模没有意义，一切卖菜的秘密在复购率。叮咚买菜会

一直在复购率上下功夫。

叮咚买菜一直强调用"三个确定"打造自己的硬实力——品质确定、时间确定、品类确定。从产地到产地收货，到大仓收货、大仓分拣，叮咚买菜完全由自己做分选，再到前置仓做巡检、前置仓打包，然后送到用户手里，这 7 个环节全部设置了品控。叮咚买菜的品控团队多达 600 人，与采购团队是 1.2∶1 的配比，这说明采购和品控同样重要。

叮咚买菜将大数据技术贯穿于整个产业链，通过订单预测、用户画像、智能推荐、智能调度、路径优化、自助客服等技术，提升用户体验。叮咚买菜有专业的数据团队，是公司的核心部门，因为预测精准度决定了日损耗率、缺货率。叮咚买菜内部统计数据显示，公司的大数据分析使其每日滞销损耗平均低于 3%，物流损耗平均为 0.3%。较低滞销率和损耗率背后有着强大的数据团队，这个团队由经验丰富的大数据科学家沈方带领，运用 BI 技术在仓储、物流数据等多方面进行了深入研发。

采购完货品就运送到总加工仓，再由总加工仓运送至各社区前置仓。叮咚买菜采取分布式仓储，而不是集中式仓储，这就为叮咚买菜的高配送效率打下了基础，29 分钟送达、0 起送费、0 配送费，满足用户即时需求，形成叮咚买菜核心竞争力。在配送方面，叮咚买菜具有多年的到家服务经验，有自己稳定性较强的配送团队。叮咚买菜拥有一套自己研发的智能调度和末端配送系统，这也为其高效率的配送服务打下了基础。

在配送端，叮咚买菜承诺最快 29 分钟送到家。2021 年第一季度，叮咚买菜配送骑手准时交付率达到 95.2%，差评率仅为 0.05%。

为了实现三个确定性，在供应链方面，叮咚买菜的采购模式主要为城批采购 + 品牌供应商直供。目前，叮咚买菜在 20 多个地区共建设了 350 个生鲜直采基地，产地直供供应商有 600 多家。此外，"叮咚农场"也在全国各个生鲜产地启动。2021 年 4 月，叮咚买菜首个大闸蟹养殖基地在江苏宝应启动。2021 年 5 月，叮咚买菜在上海崇明和江苏盐城承包 3 万亩地，启动大米种植。

截至 2021 年第一季度，叮咚买菜 SKU 有 12 500 多，其中生鲜产品 SKU 有 5700 多，生活用品 SKU 有 6700 多，商品大类包括蔬菜、水果、水产、肉禽等，其中超过 85% 的商品是产地直采的。

目前，叮咚买菜月均交易用户人数达 690 万。除了新交易用户的稳步增长之外，有过交易记录的现有用户在 GMV 中的占比从 2018 年第一季度的 51.9% 持续增加到 2021 年第一季度的 81.6%。自 2018 年第二季度叮咚买菜推出了会员计划以来，2021 年第一季节平均每月交易会员增长至超过 150 万，占总交易用户的 22.0%，在同期总 GMV 中的占比为 47.0%。

会员体系已经慢慢培养起了用户使用 App 的习惯。2019 年每月交易会员平均花费约为 407 元，2020 年每月交易会员平均花费 478 元，大大超过所有交易用户相应的平均支出。叮咚买菜会员用户在第 12 个月和第 24 个月的回购率分别为 64.2% 和 70.5%。截至 2021

年 3 月 31 日，叮咚买菜会员的保留率为 48.8%。叮咚买菜已经建立起了越来越忠诚和活跃的用户群。

讨论

叮咚买菜是如何体现以用户为中心提升复购率的？

项目五

物流客户服务技巧

项目目标

❖ 了解物流客户接待基本礼仪规范;

❖ 熟悉物流客户接待商务礼仪规范;

❖ 了解物流客户的类型;

❖ 熟悉物流客户接近的方法;

❖ 能够合理运用物流客户沟通技巧。

任务一　物流客户接待礼仪

📖 任务情境

小李是物流公司的业务经理助理，今天将随同经理去对方公司参加一个双边签字仪式。身着牛仔裤的小李，为表示热情，一看到对方经理就赶紧跑过去与其握手，而且紧握对方的手长达十多秒。当签字仪式进行时，小李自主选择了一个靠门口最近的座位坐下了，以方便自己在签字仪式结束后先退场。在上述行为中，小李有哪些不妥之处呢？

🎯 任务要求

请通过学习任务一，完成以下任务。

（1）将班级分成若干小组，以组为单位，结合网络信息资源，针对该任务情境，尝试讨论、分析小李有哪些不妥之处。

（2）了解物流客户接待基本礼仪规范。

（3）熟悉物流客户接待商务礼仪规范。

（4）各小组进行角色扮演，并进行小组自评、小组互评、教师点评。

☢ 知识准备

一、物流客户接待基本礼仪规范

礼仪是指在人际交往中，以一定的约定俗成的程序和方式来表现的律己敬人的手段和过程，涉及仪容、仪表、穿着、言谈、交往、沟通、情商等内容。从个人修养的角度来看，礼仪可以说是一个人内在修养和素质的外在表现。从交际的角度来看，礼仪可以说是人际交往中适用的一种艺术、一种交际方式，是人际交往中约定俗成的示人以尊重、友好的习惯做法。从传播的角度来看，礼仪可以说是在人际交往中进行相互沟通的技巧。

物流客户接待工作是指在物流活动中对来访者所进行的迎送、招待、接谈、联系、咨询等辅助管理活动，是一项经常性的事务工作。它是一项热情、周到、细致的工作，必须遵守礼貌、负责、方便、有效的原则。要做好接待工作，就要把握好接待工作中的礼仪。

物流客户接待工作中的基本礼仪规范包括仪表仪容、美容美发、穿着打扮等内容。

（一）仪表仪容

仪表，也就是人的外表形象，是一个人教养、性格内涵的外在表现。讲究个人卫生、保持衣着整洁是仪表美的最基本要求。要正确认识自己，不盲目追赶潮流，注意做到装扮适宜、

举止大方、态度亲切、秀外慧中、个性鲜明。

仪容即容貌，由发式、面容及人体所有未被服饰遮掩的肌肤所构成，是个人仪表的基本要素。保持清洁是最基本、最简单、最普遍的美容。男士胡须勤刮、指甲常修剪，女士指甲长短适中、美化适中（见图5-1）。

图5-1 仪表仪容

（二）美容美发

在物流客户接待工作中，适当的美容化妆是一种礼貌，也是自尊、尊人的体现。当然以化淡妆为宜，注重自然和谐，不宜浓妆艳抹、香气刺鼻。

头发整洁、发型得体是美发的基本要求。整洁、得体、大方的发型易给人留下神清气爽的美感。发型的选择要根据自然、大方、整洁、美观的原则，既要观察发型的流行趋势，又不能盲目追赶潮流，重要的是应该考虑自己的年龄、性别、身份、性格及脸型等特点。

（三）穿着打扮

在接待工作中，男士宜穿西装和皮鞋；女士宜穿套服，不穿短、透、露服装，围巾、领巾及手包等应与服装颜色和谐搭配。

西装的穿着比较讲究，否则就显得不伦不类。

1. 西装的衬衫

西装的衬衫一般应选用硬领尖角式的，领口一定要挺直，而且要比外套的领子高出1.5厘米左右，并贴紧。西装的衬衫颜色以纯色为佳，其中白色为最容易搭配的颜色。西装的衬衫袖口略长出西装袖口约2厘米。下摆要塞进裤子里，不要散在外面。西装的衬衫在配领带时，应把其所有的扣子系上，不能将其袖子卷起；在不系领带时，不要扣其最上面的扣子。

2. 西装外套

双排扣的西装外套比较庄重，一般要把其扣子系好，不宜敞开。单排两粒扣子的西装外套扣子的扣法很有讲究，只系上面一粒扣子的是庄重，敞开都不扣扣子的是潇洒，两粒扣子都扣的是呆板，只扣最下面一粒扣子的是流气。对于三粒扣的西装外套，扣好上面两粒扣子为佳，只扣中间一粒扣子也行，全不扣扣子也可以，切忌只扣最下面一粒扣子，也不宜只扣

下面两粒扣子（见图5-2）。

3. 领带

在穿着西装时，领带起着画龙点睛的作用。首先要注意领带的色彩，要与西装外套协调搭配。领带系好后，其长度以大箭头垂到腰带下沿处为佳，可上下浮动一寸左右（见图5-3）。领带夹一般夹在衬衫的第三、第四粒扣子中间；也可将领带夹别在里面而不外露，只起固定作用。如果穿马甲或毛衣，一定要把领带放在毛衣、马甲里面，还要注意毛衣、马甲的下摆切不可塞进裤子里面，以免臃肿不堪。

图5-2　西装外套

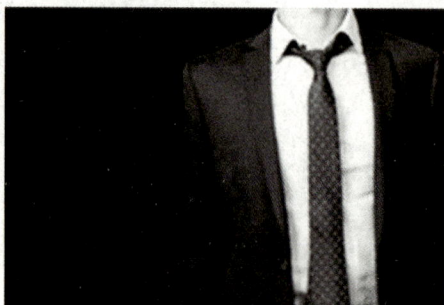

图5-3　领带

4. 西装长裤

西装长裤以裤脚接触脚背，一般达到皮鞋后帮的一半为佳。西装长裤的裤线要清晰、笔直。西装长裤的裤扣要扣好，拉链全部拉严。

5. 配套的鞋袜

穿西装一定要配皮鞋，千万不要穿凉鞋、布鞋、旅游鞋等，而且皮鞋要擦亮。黑色皮鞋可配各种颜色的西装，其他色彩的皮鞋要与西装的颜色相同或接近才能相配。配袜子也应讲究，不可忽略。袜子的色彩应采用与皮鞋相同或接近，不宜用白袜子配黑皮鞋。男士切忌穿女士常用的肉色丝袜。

总而言之，要遵循国际通行的"TPO"三原则。

（1）T（Time）表示时间，即穿着要"应时"。不仅要考虑到时令变换、早晚温差，而且要注意时代要求，尽量避免穿着与季节格格不入的服装。

（2）P（Place）表示场合，即穿着要"应地"。上班要穿着符合职业要求的服饰，重要社交场合应穿庄重的正装。衣冠不整、低胸露背者不宜进入法庭、博物馆之类的庄严场所。

（3）O（Object）表示着装者和着装目的，即穿着要"应己"。要根据自己的工作性质、社交活动的具体要求、自身形象特点来选择服装。

商务礼仪以基本礼仪为基础和内容，与基本礼仪有着共同的基本原则：尊重、友好、真诚。商务礼仪具体包含哪些规范与要求呢？

二、物流客户接待商务礼仪规范

商务礼仪在商务活动中作为指导、协调商务活动中人际关系的行为方式和活动形式，用来约束人们日常商务活动的方方面面。正确地运用商务礼仪既是一个人内在修养和素质的外在表现，又是人际交往中适用的一种艺术、一种交际方式，是人际交往中约定俗成的示人以尊重、友好的习惯做法。

（一）握手礼仪

握手礼仪起源于远古时代。那时，人们主要以打猎为生，手中常持有棍棒或石块作为防卫武器，当人们相遇并且希望表达友好之意时，必须先放下手中的武器，然后相互触碰对方的手心，用这个动作说明相互想成为朋友。随着时间的推移，这种表示友好的方式被沿袭下来，成为今天的握手礼仪，并被世界上大多数国家所接受。握手礼仪不仅是一种表示友好的交流，沟通原本隔膜的情感或加深双方的理解、信任，还能表示一方的尊敬、景仰、祝贺、鼓励，也能传达出对方的淡漠、敷衍、逢迎、虚假、傲慢等（见图5-4）。

图 5-4 握手礼仪

1. 握手的顺序
主人、长辈、上司、女士主动伸出手，客人、晚辈、下属、男士再相迎握手。

2. 握手的方法
（1）握手时一定要用右手。如果是双手握手，应等双方右手握住后，再将左手搭在对方的右手上，这也是经常用的握手礼仪，以表示更加亲切，更加尊重对方。

（2）必须起身站直后再握手，坐着握手是不合乎礼仪的。握手时上身应自然前倾，行15°欠身礼，手臂抬起的高度应适中。

（3）要紧握双方的手，过紧地握手或只用手指部分漫不经心地接触对方的手都是不礼貌的，一般握手时间以1～3秒为宜。

（4）握手时双目应注视对方，微笑致意或问好，多人同时握手时应顺序进行，切忌交叉握手。

（5）握手时首先应注意伸手的次序。在和女士握手时，男士要等女士先伸手之后再握，如果女士不伸手或无握手之意，男士则点头鞠躬致意即可，而不可主动去握住女士的手；在和长辈握手时，年轻者一般要等年长者先伸出手再握；在和上级握手时，下级要等上级先伸出手再趋前握手。另外，在接待来访客人时，主人有向客人先伸手的义务，以示欢迎；送别客人时，主人也应主动握手表示欢迎再次光临。

（6）男士握手时应脱帽，切忌戴手套握手。

（7）在任何情况下拒绝对方主动要求握手的举动都是无礼的，但当手上有水或不干净时，应谢绝握手，同时必须解释并致歉。

（二）行进中的位次礼仪

行进中的位次排列，指的是人们在步行的时候位置排列的次序。在陪同、接待来宾或领导时，行进的位次引人关注。

1. 正常情况

并行时应"中央高于两侧，内侧高于外侧"，一般让客人走在中央或内侧；单行行进时应"前方高于后方"，如果没有特殊情况的话，应让客人在前面走。

2. 特殊情况

（1）引导。自己走在客人左前二三步，侧转130°向着客人的角度走，用左手示意方向，配合客人的行走速度，保持职业性的微笑和认真倾听的姿态。如果来访者带有物品，可以礼貌地为其服务。途中注意引导提醒，在拐弯或有楼梯台阶的地方应使用手势，并提醒客人"您这边请""请注意楼梯""请注意台阶"等（见图5-5）。

（2）上下楼梯。一般而言，上下楼梯要单行行进，且没有特殊情况时要靠右侧单行行进。引导客人上下楼梯时必须注意的是，在上楼梯时，客人走在前面，陪同者紧跟后面；下楼梯时，陪同者走在前面，并将身体转向客人。楼梯中间的位置是上位，但若有栏杆，就应让客人扶着栏杆走。如果楼梯是螺旋梯，则应该让客人走内侧。在上下楼梯时，要提醒客人小心。

（3）出入电梯。在客人之前进入电梯，一只手按住"开"的按钮，另一只手示意客人进入电梯；进入电梯后，按下客人要去的楼层数，侧身面对客人，可做寒暄；到目的地时，按住"开"的按钮，请客人先下（见图5-6）。

（4）出入房门。若无特殊原因，"位高者"先出入房门；若有特殊情况，如室内无灯而昏暗或室内仍须引导，陪同者宜先入。从房门出去时陪同者先出，并为客人拉门、引导。

图5-5　引导

图5-6　出入电梯

（三）名片的交换礼仪

名片是一个人身份、地位的象征。交换名片是名片使用者要求社会认同、获得社会尊重的一种方式。对商务人员来说，名片还是所在组织形象的一个缩影。名片的交换应重视其礼

仪效应，恰到好处地使用名片，显得彬彬有礼，令人肃然起敬。在社交场合，交换名片是自我介绍的简便方式。交换名片的顺序一般是"先客后主，先低后高"。

1. 递送名片

名片的递送应在介绍之后。在尚未弄清对方身份时不应急于递送名片，更不要把名片视同传单随便散发。递送名片的先后没有太严格的讲究，一般是地位低的人先向地位高的人递名片，男性先向女性递名片。出于公务和商务活动的需要，女性也可主动向男性递名片。

当与多人交换名片时，应依照职位高低顺序，或是由近及远依次进行，切勿跳跃式地进行，以免令对方产生有厚此薄彼之感。如果自己这一方人较多，则让地位较高者先向对方递送名片。在递送名片时，应将名片正面面向对方，双手奉上；眼睛应注视对方，面带微笑，并大方地说："这是我的名片，请多多关照。"如果同外宾交换名片，可先留意对方是用单手还是双手递送名片（见图5-7），随后跟着模仿。欧美人、阿拉伯人和印度人习惯于用一只手与人交换名片；日本人则喜欢用右手递送自己的名片，左手接对方的名片。

2. 接受名片

在接受他人名片时，应起身或欠身，面带微笑，恭敬地用双手的大拇指和食指捏住名片的下方两角，并轻声说："谢谢。"如果对方地位较高或有一定知名度，则可道一句"久仰大名"之类的赞美之词。在接过名片后，应十分珍惜，并当着对方的面，用30秒以上的时间仔细把对方的名片看一遍。随后，当着对方的面郑重其事地将他的名片放入自己携带的名片盒或名片夹之中，千万不要随意乱放，以防污损。如果接过他人名片后一眼不看，或者漫不经心地随手向口袋或手袋里一塞，则是对人失敬的表现。倘若一次同许多人交换名片，又都是初交，那么最好依照座次来交换，并记好对方的姓名，以防搞错（见图5-8）。

图 5-7　递送名片

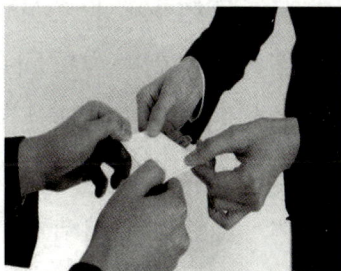

图 5-8　接受名片

（四）谈判的礼仪

一次成功的谈判除了依靠强大的谈判实力，采取合适的谈判策略外，还要遵守商务礼仪规范，树立良好的谈判者形象（见图5-9）。

图 5-9　谈判的礼仪

1. 谈判地点的选择

谈判地点的选择，往往涉及一个谈判环境的问题，对谈判效果具有重要的影响。有利的地点能够增强己方的谈判地位和谈判力量。如果要进行多次谈判，地点应该依次互换，以示公平。

2. 谈判时间的选择

谈判时间要经双方商定而不能一方单独做主，否则是不礼貌的。要选择对己方最有利的时间进行谈判。避免在身心处于低潮时、连续紧张工作后或不利于自己的行情下进行谈判。

3. 会场的准备与座次的安排

谈判会场的布置应体现出礼仪的规范和对来客的尊重。一般用长方形或椭圆形桌子，通常是主宾各坐一方。谈判时的座次是一个突出敏感的问题。座次问题包括两方面：一方面是谈判双方的座次问题，另一方面是内部的座次问题。谈判的座次应充分体现主宾之别。在举行双边谈判时，若谈判桌横放，面门为上，客方人员面门而坐，主方人员背门而坐。除双方主谈者居中就座外，各方的其余人员则应依其具体身份的高低，遵从"右高左低"的原则分别在主谈人员的两侧就座。

4. 迎送、接待等准备工作

迎送时要准确掌握对方抵离时间，通知安排迎送人员。所有迎送人员都应先于客方到达指定地点，并由接待人员提前办妥有关手续。在迎接客人时，若属初次见面，客方应主动递交名片。在访问客人时，访问者应首先拿出名片递交给被访问者。东道主要视情况准备欢迎、送行的宴会，招待会及安排酒店住宿等接待工作。

5. 签约仪式

在签约仪式前，应组织专业人员做好各种文本的准备工作。双方参加谈判的全体人员都应出席，若缺席，应得到对方的同意。应设有助签人员协助签约人。助签人员应分别站立于各自签约人的外侧，双方代表（签约人）先在准备好的文本上签字，然后由助签人员交换。双方代表在签字完毕后应同时起立交换文本并相互握手，祝贺合作成功，全场人员应鼓掌，表示祝贺。当签约仪式结束后，应让双方最高领导及宾客先退场（见图5-10）。

图5-10　签约仪式

任务实施

步骤一：小组分工，解读任务。

教师导入"任务情境"；进行班级学生分组，以4～6人为一组，每组选出组长；全体学生解读"任务要求"。

步骤二：小组合作，讨论、完成任务。

小组成员通过学习"知识准备"，结合网络收集相关信息，了解物流客户接待基本礼仪规范及商务礼仪规范等相关资料。

步骤三：以角色扮演的形式，共同交流分享。

各小组轮流展示讨论成果，其他小组进行观摩学习，提出建议。

步骤四：总结评价，记录提升。

各小组先对展示成果进行自评，然后小组互评，最后教师点评，每人完成"物流客户接待礼仪评价表"（见表5-1）。

表5-1 物流客户接待礼仪评价表

被考评人						
考评内容	任务一　物流客户接待礼仪					
考评标准	内容	分值	自我评价 20%	小组评价 30%	教师评价 50%	综合评价
	查阅资料的内容正确、完整	20				
	参与讨论的积极性	20				
	有团队合作精神	20				
	项目任务完成情况	40				
	总分	100				
	技能星级					

注：技能星级标准如下。

★：在教师的指导下，能部分完成某项实训作业或项目。

★★：在教师的指导下，能全部完成某项实训作业或项目。

★★★：能独立地完成某项实训作业或项目。

★★★★：能独立较好地完成某项实训作业或项目。

★★★★★：能独立并带动本组成员较好地完成某项实训作业或项目。

知识巩固

一、填空题

1. 谈判座次的安排必须注意_____和_____两个方面。

2. 交换名片的顺序一般是_____。

3. 行进中的位次排列指的是_____的次序。

4. 引导时自己走在客人左前二三步，侧转_____度向着客人的角度走。

5. 双方握手时一定要用_____手。

6. 双方一般握手时间以_____秒为宜。

7. "TPO" 三原则是指_____、_____和_____。

8. 领带夹一般夹在衬衫的_____粒扣子中间。

9. _____是美发的基本要求。

二、判断题

1. 双方参加谈判的全体人员都应出席，任何情况下都不能缺席。　　（　　）

2. 签约仪式结束，应按照双方领导的级别从低到高的顺序退场。　　（　　）

3. 谈判时一般用长方形或椭圆形桌子，通常主宾各坐一方。　　　　（　　）

4. 递送名片时，一般地位低的人先向地位高的人递送名片，女性先向男性递送名片。

（　　）

5. 上下楼梯时一般为单行，没有特殊情况时要靠右侧单行行进。　　（　　）

6. 双方握手时应脱帽，切忌戴手套握手。　　　　　　　　　　　　（　　）

7. 西装长裤以裤脚接触脚背，一般达到皮鞋后帮的 2/3 为佳。　　（　　）

8. 礼仪是一个人内在修养和素质的外在表现。　　　　　　　　　　（　　）

三、简答题

1. 物流客户接待基本礼仪规范包括哪些方面？

2. 西装的穿着应注意什么？

3. 什么是国际通行的"TPO"原则？

4. 握手礼仪应注意的事项有哪些？

5. 简述名片的交换礼仪。

6. 谈判的礼仪应注意的事项有哪些？

7. 情境设计：假如你是物流公司前台客服人员，现有一名客户准备来洽谈关于运输方面的相关业务，请问你如何迎接、接待他？

拓展提升

中餐桌上的用餐礼仪

在用餐时，每位用餐者均应使自己的临场表现合乎礼仪规范。细而言之，享用中餐时的用餐表现可分为餐前表现与餐时表现两个部分。

餐前表现，指的是准备用餐、等候用餐时的行为。无疑，它是用餐表现的有机组成部分之一。要使餐前表现符合礼仪规范，须要注意以下问题。

1. 适度修饰

外出用餐尤其是外出赴宴或聚餐时应适度地进行个人修饰，总的要求是整洁、优雅、个性化。一般而言，男士可穿套装并剃须。女士应穿时装或旗袍并化淡妆。倘若不加任何修饰甚至仪容不洁、着装不雅，则会被视为不尊重主人、不重视此次聚餐或宴请。

2. 准点到场

应邀赴宴或参加聚餐时一定要准时抵达现场。严格地讲，抵达过早或过晚，均为失礼。早到的话，主人往往还未做好准备，因而措手不及；晚到的话，则会令他人等待太久，甚至打乱整个原定计划。此外，如无特殊原因，切勿早退。

3. 各就各位

在较正式的用餐活动中，一定要按照指定的桌次、位次就座。倘若无明确排定，应遵从主人安排，或者与其他人彼此谦让，切勿争先恐后、不守座次。一般而言，在入座时，应于主人、主宾之后就座，或与大家一道就座。抢在他人之前就座显然是不合适的。

4. 认真交际

大凡宴请或聚餐，其主要目的是与人交往，而不仅仅是为了大快朵颐。所以在用餐前后尤其是用餐前等候时，不要忘记尽可能地进行适当的交际活动，例如，问候一下主人，联络一下老朋友，争取认识几位新朋友。此时，假若一言不发，显得与其他人格格不入，难免会给人以"专为吃喝而来"的印象。

5. 倾听致辞

在正式宴会开始前，主人与主宾大都要先后进行专门的致辞。当宾主进行致辞时，务必要洗耳恭听，专心致志。此刻开吃、闭目养神、与人交谈或打打闹闹都是失礼的。若此刻离席，则更会令人不快。

资料来源：大厂人才网。

任务二　物流客户接近技巧

📖 任务情境

客户张女士来到某配送中心准备洽谈关于配送合作的业务。客服部主任把此项工作交给了小陈。小陈新入职不久，急于想好好表现，完成这个任务。他一看到张女士就来了一个拥抱，还没等张女士开口，就已经在滔滔不绝地介绍业务，而且他的手总是无意地触碰张女士的胳膊，引起了张女士的不快。在上述行为中，小陈有哪些不妥之处呢？

🎯 任务要求

请通过学习任务二，完成以下任务。

（1）将班级分成若干小组，以组为单位，结合网络信息资源，针对该任务情境，尝试讨论、分析小陈有哪些不妥之处。

（2）学习物流客户接近的方法。

（3）熟悉物流客户服务禁忌。

（4）各小组进行角色扮演，并进行小组自评、小组互评、教师点评。

知识准备

一、物流客户接近方法

物流客户服务工作的第一步是与物流客户接近，这是顺利打开物流业务局面的关键。接近是沟通的前奏，其目的是介绍自己和企业，了解客户的需要或问题，从而引起客户的注意与兴趣，引导客户进入洽谈阶段。现在社会生活节奏加快，有些客户很难接近，交易成功与否往往取决于接近阶段，成功的接近并不一定都能促成交易，然而成功的交易需要成功的接近作为前奏。下面介绍几种常见的客户接近方法（也适用于物流客户）。

（一）介绍接近法

介绍接近法是客户服务人员自我介绍或经由第三者介绍接近目标客户的一种方法。不管是自我介绍还是他人介绍，客户对服务人员及其服务产品的印象、兴趣很小，甚至可能根本记不住服务人员的姓名，不容易转入正式洽谈。

利用介绍接近法接近客户，应首先了解客户的个人兴趣和爱好，在自我介绍或他人介绍后就围绕客户感兴趣的问题进行交流沟通，然后设法引导出话题，将闲聊的重心逐步转移到与公司产品有关的问题上来。

（二）产品接近法

产品接近法是指通过向客户展示企业的实力或产品特色接近、吸引客户的注意和兴趣进而转入洽谈的方法。物流企业提供的产品是无实物形态的服务，因此物流企业在接近物流客户时只有借助各种反映其产品特色的宣传资料，或者让物流客户到物流公司看到其经济技术实力、业务流程管理、服务质量控制和售后服务政策等业务运作等方面的过人之处，才可能吸引物流客户的视线。产品接近法的特点是让产品通过实力默默地推销自己。物流企业向社会提供的是服务，其质量只能在接受服务以后通过物流客户的感受体现出来。对物流客户来讲，这种先购买再体验的产品具有较大的风险。因此，在接受产品之前让物流客户了解物流企业产品的作用、物流服务的流程、物流服务质量的控制与监督、客户投诉处理的程序及管理等，可以消除物流客户的危机意识，增强其安全感。

（三）利益接近法

利益接近法是指客户服务人员利用产品或服务的实惠引起客户注意和兴趣，进而转入商业洽谈的一种接近方法。利益是供需双方共同关注的问题，客户购买产品就是为了获得利益，企业向客户销售也是为了获得利益，所以利益接近法是最能打动客户的接近方法。利益接近法的媒体是产品或服务，而主要方式是直接陈述。告诉客户购买产品的好处，语言不一定要有惊人之处，但必须引起客户对产品的注意和兴趣，这样才能达到接近的目的。在使用利益

接近法时，客户服务人员应注意两个方面的问题：一是产品利益必须切合实际，不可浮夸；二是产品利益必须可以证明，这样才能取信于客户。

（四）问题接近法

问题接近法是指客户服务人员通过直接提问来引起客户的注意和兴趣，进而转入洽谈的一种方法。这种接近法最大的优点是让客户快速进入双向交流，有利于客户服务人员快速获得预期客户的相关信息。在运用问题接近法时，其关键是问题的提出。因此在提出问题时，客户服务人员应注意以下几个方面：一是问题应表述明确，避免使用含糊不清或模棱两可的问句，以免客户费解或误解；二是问题应尽量具体，做到有的放矢；三是问题应突出重点、扣人心弦。在生活中，每个人都有许多问题，有主要的，也有次要的，只有抓住最重要的问题，才能真正打动人心。

（五）赞美接近法

赞美接近法是指客户服务人员利用客户求荣、求美，要求被关注、受重视的心理需求来引起客户注意和兴趣，进而转入洽谈的接近方法。利用赞美接近客户，可以从客户的公司、客户个人情况或客户思想等方面着手。利用赞美接近法应注意的问题是：一要注意分析环境，认真进行接近准备，切不可弄错赞美目标；二是真诚赞美客户，避免虚情假意；三是尊重客户个性，讲究赞美方式。在现实生活中，并不是所有的客户都乐于接受赞美，就是同一客户，在不同的环境和不同的心境下，对相同的赞美方式也会有完全不同的反应。

（六）聊天接近法

聊天接近法是指客户服务人员利用聊天的机会接近客户的一种方法。使用此法时，应注意下述问题：一是选择适当的话题；二是积极引导，让客户发言；三是轻松自然，不与客户争吵；四是控制时间，迅速接近客户；五是活跃聊天气氛，缩短接近距离。

（七）求教接近法

求教接近法是指客户服务人员利用向客户请教问题的机会来接近客户，进而转入洽谈的一种接近方法。在使用这种方法时，要注意：一是美言在先，求教在后；二是求教在前，接近在后；三是虚心诚恳，洗耳恭听；四是分析环境，明确重点，认真听取客户的意见。

> 高明的接近方法能帮助客户服务人员顺利进行商谈，而笨拙的接近方法则可能给企业招来客户的拒绝，所以实际中应根据客户的性格、心理活动特点等具体情况灵活运用。

二、物流客户服务禁忌

客户服务禁忌是指客户服务人员在接触客户过程中应该避免的事项和做法。下面介绍常见的几种客户服务禁忌（也适用于物流客户）。

（一）伤害客户感情

轻视客户是对客户的最大伤害，客户服务人员应持"来的都是客"的友善态度，热情接待每位客户，无论是老客户还是新客户，也不管是企业的大客户还是小客户。实际中有很多企业对大客户笑脸相迎、热情周到，而对一般的中小客户则冷淡漠视，这是极不礼貌的待客之道。小客户也可能发展成大客户，同时遗弃小客户还会遭遇客户的口水。在与客户解除合作关系时，应诚恳地陈述不能实现客户意愿的缘由，做到"生意不成仁义在"，而不是出言不逊、"一拍两散"、说客户的坏话、揭发客户的隐私、羞辱客户等。

（二）冲撞客户禁忌

客户禁忌的内容和形式多种多样，有习俗上的、文化观念上的和个体性格习惯上的。客户服务人员在接待客户时，不仅应尊重客户、礼貌周详，还应充分了解各类客户的民族习俗、文化信仰的特点，以及个人的性格特征、家庭状况和忌讳，根据不同客户的个性特征选择服务用语和服务方式，不要冲撞客户，避免好心办坏事或"吃亏不讨好"。

宴请印度客人时应禁忌牛肉；向日本人回馈礼品时应回避 4、6、9、13 等数字；切忌在晚上与德国客人洽谈生意等。

（三）无谓的争辩

一切与客户的争辩都应避免。首先，争辩会损害客户的自尊，使之产生反感，容易导致客户流失；其次，会使你很容易专挑客户的错误，并形成得理不饶人的坏习惯。用质问式的语气来谈话是最伤感情的。在纠正客户的不妥之处时，应先扬后抑，客户才会因此而心悦诚服。要想改变客户的观点和立场，最好的办法是将自己的意图暗示给客户，如同润物无声的细雨。

任务实施

步骤一：小组分工，解读任务。

教师导入"任务情境"；进行班级学生分组，以 4～6 人为一组，每组选出组长；全体学生解读"任务要求"。

步骤二：小组合作，讨论、完成任务。

小组成员通过学习"知识准备"，结合网络收集相关信息，了解物流客户接近法、物流客户服务禁忌等相关资料。

步骤三：以角色扮演的形式共同交流分享。

各小组轮流展示讨论成果，其他小组进行观摩学习，提出建议。

步骤四：总结评价，记录提升。

各小组先对展示成果进行自评，然后小组互评，最后教师点评，每人完成"物流客户接近技巧评价表"（见表5-2）。

表 5-2　物流客户接近技巧评价表

被考评人						
考评内容		任务二　物流客户接近技巧				
考评标准	内容	分值	自我评价 20%	小组评价 30%	教师评价 50%	综合评价
	查阅资料的内容正确、完整	20				
	参与讨论的积极性	20				
	有团队合作精神	20				
	项目任务完成情况	40				
总分		100				
技能星级						

注：技能星级标准如下。

★：在教师的指导下，能部分完成某项实训作业或项目。

★★：在教师的指导下，能全部完成某项实训作业或项目。

★★★：能独立地完成某项实训作业或项目。

★★★★：能独立较好地完成某项实训作业或项目。

★★★★★：能独立并带动本组成员较好地完成某项实训作业或项目。

知识巩固

一、填空题

1. 客户服务禁忌包括_____、_____和_____三个方面。

2. 物流客户服务工作的第一步是_____。

3. _____接近法是指客户服务人员利用聊天的机会接近客户的一种方法。问题接近法中，在提出问题时应注意_____、_____和_____三个方面。

4. _____接近法是客户服务人员自我介绍或经由第三者介绍接近目标客户的一种方法。

5. _____接近法是指通过向客户展示物流企业实力或产品特色来接近、吸引客户的注意和兴趣进而转入洽谈的方法。

二、判断题

1. 一切与客户的争辩都应据理力争，说服对方。　　　　　　　　　　（　　）

2. 要想改变客户的观点和立场，最好的办法是将自己的意图暗示给客户。　　（　　）

3. 轻视客户是对客户最大的伤害。　　（　　）

4. 聊天接近法是指客户服务人员利用向客户请教问题的机会来接近客户，进而转入洽谈的一种接近方法。　　（　　）

5. 问题接近法最大的优点是让客户快速进入双向交流，有利于客户服务人员快速获得预期客户的相关信息。　　（　　）

6. 利益接近法是指客户服务人员利用产品或服务的实惠引起客户注意和兴趣进而转入商业洽谈的一种接近方法。　　（　　）

三、简答题

1. 常见的物流客户接近方法有哪些？

2. 情境设计：你扮演物流公司前台客户服务人员，你的同桌扮演物流客户，请演练如何来实现介绍接近法、赞美接近法及聊天接近法等。

拓展提升

海底捞：不一样的体验

海底捞（海底捞国际控股有限公司简称）创建于四川省，目前在中国及多国开设了近800家门店。海底捞融汇各地火锅特色于一体，以诚信经营为理念，以食品质量的稳定性和安全性为前提条件，始终从顾客体验出发，创新性地为顾客提供愉悦的个性化用餐服务和舒适的就餐环境，让顾客获得满意的消费感受。

海底捞的店面招牌和餐厅内部采用全国标准装修，店内整体呈现暖色调，顾客一走进门厅直观感受就是干净明亮、舒适卫生的温馨感；员工仪容整洁，统一服装，在工作过程中全程保持微笑，并将"女员工须化淡妆，男员工保持整洁仪表"纳入员工考核要求中。

海底捞始终秉承"服务至上、顾客至上"的理念，以创新为核心，改变传统的标准、单一的服务，提倡个性化的特色服务，将用心服务作为基本理念，致力于为顾客提供"贴心、温心、舒心"的服务。

海底捞用餐服务的流程贯穿于消费者在等待就餐至就餐结束离开餐厅全程。例如，在顾客排队等待就餐时，部分门店设有游乐场，并且配备专门的员工看护孩子；为女性顾客免费提供美甲、手部护理服务，帮助女性顾客减少等待就餐产生的焦虑感；或者在等待期间为顾客准备零食、水果、折纸游戏、免费照片打印、免费擦拭皮鞋等服务，若在四川还有特色的国粹变脸表演。值得一提的是，海底捞还为顾客准备了婴儿床，即便孩子困了，也能在餐厅中睡个好觉。这一招恐怕绝大多数餐厅都没有想到。

甚至有一次，一名中年男子气喘吁吁、大汗淋淋来到海底捞急促地对服务员说："给我下碗面条。"服务员估计这名男子发生了低血糖反应，但由于海底捞当时没有现成的面条，去买时间又不允许。怎么办？服务员急忙跑步到厨房让厨师煮了一碗汤圆给端了上来。

当顾客吃了后问多少钱？服务员竟然说："不要钱"。服务员当时没有任何豪言壮语，只是在顾客离开时补了一句："欢迎下次来吃火锅。"其实这位顾客就是这家店楼上证券公司的老总，回公司后交待办公室人员下文，今后公司招待餐一律到海底捞，并且注明非海底捞的餐饮发票一律不报销。

除了以上这些之外，海底捞还提供了相当周到的外卖服务。如果想在家里吃火锅，又懒得出门选购食材的话，海底捞就可以帮您轻松解决，将所有食材，包括锅底料甚至锅和电磁炉都可以一并送来，以让顾客吃得开心。当顾客吃完之后，不用担心整理收拾的问题，只要给海底捞打一个电话，自然就有海底捞的工作人员继续上门服务。

海底捞之所以发展至今如此壮大，主要原因是其优秀的服务质量已经远超其他同层次的火锅店。可以说，海底捞是成功的行业服务典范。

> 讨论
>
> 海底捞的过人之处何在？

任务三　物流客户沟通技巧

任务情境

小王委托某快递公司从广州托运两箱貂皮大衣到上海，而在满心期待地提货时却被告知货物在托运过程中不幸丢失。小王要求该快递公司全额赔偿该批货物十万元的实际价值。但该快递公司称小王在托运时没有办理货物运输保险，而且并没有在运单上注明货物的实际价值，所以只愿意赔偿部分损失。小王非常生气，打电话的语气非常不友好。这时，你作为物流客服人员将如何处理这件事呢？

任务要求

请通过学习任务三，完成以下任务。

（1）将班级分成若干小组，以小组为单位，结合网络信息资源，针对该任务情境，尝试讨论、分析客服人员该如何进行处理。

（2）熟悉物流客户沟通的含义及方法。

（3）学习物流客户沟通技巧。

（4）各小组进行角色扮演，并进行小组自评、小组互评、教师点评。

知识准备

一、物流客户沟通的含义

成功学专家的研究表明：一个正常人每天花 60% ～ 80% 的时间在"说、听、读、写"等沟通活动上。沟通是指可理解的信息或思想在两个或两个以上人群中的传递或交换的过程，目的在于激励或影响人的行为。

> 一位智者总结道："人生的幸福就是人情的幸福，人生的丰富就是人缘的丰富，人生的成功就是人际沟通的成功。"

一般来说，沟通具有以下两个方面的重要意义。

第一，传递和获得信息。信息的采集、传送、整理、交换，无一不是沟通的过程。通过沟通，交换有意义、有价值的各种信息，生活中的大小事务才得以开展。掌握低成本的沟通技巧、了解如何有效地传递信息能提高办事效率，而积极地获得信息更会提高竞争优势。好的沟通者可以一直保持注意力，随时抓住内容重点，找出所需要的重要信息，并能更透彻地了解信息的内容，拥有最佳的工作效率，以节省时间与精力，获得更高的生产力。

第二，改善人际关系。社会是由人互相沟通所维持的关系组成的网。人们相互交流是因为要同周围的社会环境相联系。沟通与人际关系两者相互促进、相互影响。有效的沟通可以赢得和谐的人际关系，而和谐的人际关系又使沟通更加顺畅。相反，人际关系不良会使沟通难以开展，而不恰当的沟通又会使人际关系变得更坏。

在沟通过程中，与客户沟通的形式是多种多样的。根据沟通符号的种类，沟通可分为语言沟通和非语言沟通，其中语言沟通又包括书面沟通与口头沟通；根据沟通是否是结构性和系统性的，沟通可分为正式沟通和非正式沟通；根据在群体或组织中沟通传递的方向，沟通可分为自上而下沟通、自下而上沟通和平行沟通；根据沟通中的互动性，沟通则可分为单向沟通与双向沟通；从发送者和接收者的角度，沟通又可分为自我沟通、人际沟通与群体沟通。

物流客户沟通是指在物流活动中物流企业或客户服务人员与物流客户发生的信息传递或交换的过程。与物流客户的沟通是客户服务人员的工作。为确保每次会谈、每个电话及每份报告都包含尽可能多的信息，沟通工作应注意以下几点。

（1）清晰：对事件的表达清晰、明了，意图明确，不需要物流客户去猜测和揣摩。

（2）完整：全面回答物流客户提出的问题，为物流客户提供齐全、完整的相关信息内容。

（3）准确：表达准确，从标点、拼写、语法、措辞到句子结构均无错误。

（4）节省时间：面对面交谈时口头表达简洁、中心突出，不必啰唆。在采用文字沟通时，文章的风格、组材、版面设计能让物流客户快速读懂并采取相应的行动。

（5）传达友善的信息：在沟通过程中，树立客户服务人员及其所代表的企业的良好形象和信誉；保持积极、认真的态度，充分尊重物流客户，在沟通过程中建立良好的友谊。

二、物流客户沟通的技巧

不同的人与群体对事物的认知和态度自然不同，因此在交流互动、行为发生上往往会产生障碍和矛盾。沟通的技巧就是为了消除障碍、化解矛盾，有效控制事物发展。下面就具体介绍客户沟通的技巧（也适用于物流客户）。

（一）倾听

在沟通的过程中，"听"是最为关键的一步。只有学会倾听才能探索客户的心理活动，观察和发现其兴趣所在，从而确认客户的真正需要，以此不断调整自己的销售计划，突出销售要点。洽谈中要想获得良好的效果，应掌握几点倾听技巧（见图5-11）。

图 5-11 倾听

1. 倾听是一种主动的过程

在倾听时要保持心理高度的警觉性，随时注意对方交谈的重点，要能站在对方的立场，仔细地倾听对方所说的每句话，不要用自己的价值观去指责或评断对方的想法，要与对方保持共同理解的态度。

2. 鼓励对方先开口

首先，倾听别人说话本来就是一种礼貌，愿意听表示我们愿意客观地考虑别人的看法，这会让说话的人觉得我们很尊重他的意见，有助于双方建立融洽的关系，彼此接纳。其次，鼓励对方先开口可以降低谈话中的竞争意味。说话的人由于不必担心竞争的压力，也可以专心掌握重点，不必忙着为自己的矛盾之处寻找说辞。最后，对方先提出他的看法，你就有机会在表达自己的意见之前，掌握双方意见一致之处。倾听可以使对方更加愿意接纳你的意见，让你再说话的时候更容易说服对方。

3. 切勿多话

同时说和听并不容易。亿万富翁富卡曾告诉身边的人："上帝给了我们两只耳朵，却只

给我们一张嘴是有原因的，我们应该听得比说得多。"为了避免说得太多而丧失开发业务的机会，有些训练者建议利用"火柴燃烧法"：假想你的手上拿着一根燃烧的火柴，当你认为火焰即将烧到手指时停止说话，寻求其他人的回应。

4. 切勿耀武扬威或咬文嚼字

你倾听的对象可能会因为你的态度而胆怯或害羞而自我保护。即使你是某个话题的专家，有时仍应学习保持沉默，同时表示你希望知道得更多。

5. 表示兴趣，保持视线接触

倾听时必须看着对方的眼睛。对方判断你是否在聆听和吸收说话的内容，是根据你是否看着对方来做出的。心理学家认为，谈话时注视对方的眼睛能给彼此带来良好的印象。

6. 专心、全神贯注、表示赞同

点头或微笑就可以表示赞同对方正在说的内容，表明你与说话人意见相合。对方需要这种感觉，即你在专心地听着。当你听对方说话时，可以把用来信手涂鸦或随手把玩等使人分心的东西（如铅笔、钥匙串等）放在一边，这样就可以免于分心了。

7. 让人把话说完，切勿匆忙下论断

你应该在确定知道对方完整的意见后再做出反应，对方有时停下来并不表示他已经说完想说的话。让人把话说完整并且不插话，表明你很看重沟通的内容。

（二）面对面沟通

在所有的沟通方式中，使用语言表达的面对面沟通是最重要的也是最有效的，起着承上启下的作用，也是给沟通对方留下深刻印象的关键环节。

1. 面对面沟通的前期工作

在面对面沟通之前，要事先了解对方的年龄、级别、性格、语言风格、工作作风、个人喜好等，做到知己知彼，避免做出引起对方反感的行为；收集并整理好沟通内容所需的资料，特别是双方极有可能产生分歧的部分，要做足功课。只有对沟通内容了然于胸，才能做到应对自如，让对方感觉到你的自信和专业。

2. 面对面语言表达的技巧

首先，要面带微笑，主动介绍自己的姓名、单位、职务，以及推荐人的名字和自己此行的目的，语气要让对方觉得热情、真诚。须知客户服务人员整洁端庄的装束、彬彬有礼的言谈会为公司赢得客户信任打下良好的基础。

其次，在与控制型的对象沟通时，一定要注意语言简练，不拖泥带水、拐弯抹角，与沟通内容无关的尽量少说，直截了当，万不可滔滔不绝、东拉西扯；在与互动型的对象沟通时，可以适当地采取一些形体语言，使彼此的距离更近，同时也要及时回应对方反馈的信息，确

保双方能在一定时间段内快速达成一致。

再次，在面对面沟通过程中避免使用"我尽量""有可能""好像是"等含糊不清的词汇，因为这样会给对方留下很不好的印象，认为你的前期准备不足或双方尚未达到进一步沟通的时机，进而终止沟通。

最后，要根据实际情况、对方的态度等及时调整计划。例如，对方有公务在身，就应该缩短自己的说话时间，尽量让对方阐述观点，以了解对方对此事的观点和态度，并为下次的沟通交流做准备（见图 5-12）。

图 5-12　面对面沟通

此外还要注意，不同性格、不同文化背景和不同国家有不同的体触语。按客户的要求保持安全距离、恰当地使用体触语是尊重客户的表现，也是沟通能持续进行的前提。

（三）电话沟通

1. 电话沟通前的准备工作

在进行电话沟通前，一定要做好准备工作。因为受时间、空间等限制，无法进行长时间的电话沟通，所以一定要明白以下几个问题。

（1）给谁打电话？

（2）对方的职务是什么？如何称呼？

（3）如何介绍自己？

（4）如何在较短的时间内介绍自己打电话的目的？

（5）如何激起对方的好奇心并进一步关注沟通内容？

（6）如何让对方迅速接受自己的观点和诉求？

（7）如何加强随后的联系？

2. 电话沟通的技巧

（1）打电话的技巧。在打电话时，要用新奇的开场白吸引客户的注意。客户不会喜欢浪费时间去听一些和自己无关的事情。为了达成协议，在电话沟通过程中一般遵守 4C 流程，这是一个标准流程，经验不足的客户服务人员可以在初期按照这个流程执行，但经验丰富

图 5-13　电话沟通

的客户服务人员可以按实际发挥。4C 流程是迷茫（Confuse）客户、唤醒（Clear）客户、安抚（Comfort）客户、签约（Contact）客户。不管是否达成协议，都要在适当的时候礼貌地结束电话。如果与客户达成协议，要在结束电话之前将重要信息复述一遍，确保信息的正确性，然后致谢并礼貌地结束通话。确定与客户合作无望时应尽快结束通话，但礼貌的结束用语和态度是不可忽视的（见图 5-13）。

（2）接电话的技巧。打电话和接电话是沟通的互动过程，因此在打电话时应注意的技巧同样适用于接电话环节。但是，接电话在细节上还是有别于打电话的，客户服务人员是被呼叫方，客户的问题可能是突如其来的。因此，客户服务人员接电话时应注意以下几个方面：第一，接听电话要迅速、准确，最好在铃响 3 声之内接听。如果电话铃响了 5 声才拿起话筒，应该先向对方道歉；电话铃声响一声大约 3 秒，长时间无人接听电话而让客户久等是很不礼貌的，这会令客户产生不良印象。接通电话时首先问好并"自报家门"，标准的表达是："您好！这里是 ××× 公司。感谢您致电本公司，我是 ××× 客户服务人员，请问您有什么需要帮助的？"第二，客户打来电话时客户服务人员并不知道客户的真正意图，因此不要急于解释，要集中精神倾听客户讲清楚情况。在倾听的同时思考对策，迅速给出答案，帮助客户节约时间和电话费用，从细节上体现"用心为客户服务"的原则。在此过程中，客户服务人员应始终保持端正的姿态，杜绝吸烟、喝茶、吃零食等行为，让声音更清晰明朗和亲切悦耳。第三，如果在与访客会谈时电话铃声响起，要坚持访客优先的原则，征得访客同意之后再接听电话；如果电话中要找的人不在，应解释清楚，并礼貌地询问是否需要传话。第四，结束电话以后要记录客户电话中的问题，方便以后查询和工作改进；注意按事件的重要性合理排序，以及时解决涉及企业声誉的重要问题，或者避免遗漏和令客户长久等待。要详细记录企业对客户的承诺并尽快落实。

接电话的第一声很重要，客户若能听到对方亲切、优美的招呼声，心情一定会很愉快。

（四）来函处理

来函就是指来信。随着社会的不断发展，取而代之的是电子邮件。电子邮件是一种用电子手段提供信息交换的通信方式，是互联网应用最广的服务。它可以通过文字、图像、声音等多种形式，以低廉的价格、快速的方式与世界上任何一个角落的网络用户联系，极大地方

便了人与人之间的沟通与交流。如果使用得恰到好处，沟通双方可以不受时间和空间影响迅速建立起关系。使用该方式时应注意以下几点。

首先，一个好的电子邮件标题可以引起对方的注意，从而与其他电子邮件特别是广告电子邮件区分开来。电子邮件标题要包含电子邮件的主旨大意，且要简明扼要、信息完整。

其次，在电子邮件的撰写过程中要做到文字流畅，标点符号运用准确，尽量不要使用生僻字、异体字，使对方可以看出自己的诚意。

最后，要有发送电子邮件和电话沟通并行的意识。当向对方发送一封重要的电子邮件后，要及时打电话告知对方，以免耽误时间，影响事件发展进度。

有关电话沟通等相关知识，可以详见本书项目二中"任务二 物流客户电话、传真业务处理"的内容。

任务实施

步骤一：小组分工，解读任务。

教师导入"任务情境"；进行班级学生分组，以4～6人为一组，每组选出组长；全体学生解读"任务要求"。

步骤二：小组合作，讨论、完成任务。

小组成员通过学习"知识准备"，结合网络收集相关信息，了解物流客户沟通的含义及物流客户沟通技巧（倾听技巧、面对面语言表达技巧）等相关资料。

步骤三：以角色扮演的形式，共同交流分享。

各小组轮流展示讨论成果，其他小组进行观摩学习、提出建议。

步骤四：总结评价，记录提升。

各小组先对展示成果进行自评，然后小组互评，最后教师点评，每人完成"物流客户沟通技巧评价表"（见表5-3）。

表5-3 物流客户沟通技巧评价表

被考评人						
考评内容	任务三 物流客户沟通技巧					
考评标准	内容	分值	自我评价 20%	小组评价 30%	教师评价 50%	综合评价
	查阅资料的内容正确、完整	20				
	参与讨论的积极性	20				
	有团队合作精神	20				
	项目任务完成情况	40				
总分		100				
技能星级						

注：技能星级标准如下。
★：在教师的指导下，能部分完成某项实训作业或项目。
★★：在教师的指导下，能全部完成某项实训作业或项目。
★★★：能独立地完成某项实训作业或项目。
★★★★：能独立较好地完成某项实训作业或项目。
★★★★★：能独立并带动本组成员较好地完成某项实训作业或项目。

知识巩固

一、填空题

1. _____是一种用电子手段提供信息交换的通信方式，是互联网应用最广的服务。

2. 接听电话要迅速、准确，最好在_____声之内接听。

3. 打电话的 4C 流程是_____、_____、_____和_____。

4. 在沟通的过程中，_____是最为关键的一步。

5. 沟通工作应遵循的方法有_____、_____、_____、_____和_____。

6. 根据沟通符号的种类，沟通可分为_____沟通和_____沟通。

7. 沟通具有_____和_____方面的重要意义。

二、判断题

1. 如果与访客会谈时电话响起，要坚持访客优先的原则，征得访客同意之后再接听电话。（　　）

2. 按客户的要求保持安全距离、恰当地使用体触语是尊重客户的表现，也是沟通能持续进行的前提。（　　）

3. 面对面交谈时口头表达简洁、中心突出，但可以不断重复。（　　）

4. 根据沟通是否是结构性和系统性的，沟通分为书面沟通和口头沟通。（　　）

5. 从发送者和接收者的角度，沟通包括自我沟通、人际沟通与群体沟通。（　　）

6. 倾听是一种主动的过程。（　　）

7. 在面对面沟通过程中避免使用"我尽量""有可能""好像是"等含糊不清的词汇。（　　）

三、简答题

1. 什么是物流客户沟通？沟通中应遵循哪些原则？

2. 倾听时应注意哪些方面？

3. 面对面沟通时语言表达技巧有哪些？

4. 电话沟通的技巧有哪些？

5. 情境设计：假如你是物流公司前台客户服务人员，现有一客户电话投诉承诺在两天内送到的快件没有准时收到，请问你如何应对？

拓展提升

某快递公司客户服务人员的客户洽谈场景

情境一

客户服务人员甲："我公司最新推出市内快递业务，可以为您提供文件、证件、企业对账票据、经营资料、卡类等小件物品的同城配送服务。请问您有兴趣吗？"

物流客户："我对产品不了解，我用不着。"

情境二

客户服务人员乙:"我公司最新推出市内快递业务,可以为您提供文件、证件、企业对账票据、经营资料、卡类等小件物品的同城配送服务。这种业务传递时限快,一般在4~24小时内送达;而且查询也简单,可通过互联网进行跟踪查询;可实现收件人付费;提供代收货款收回单服务。"

物流客户:"这种业务听起来不错,不知道价格如何?"

情境三

客户服务人员丙:"我公司最新推出市内快递业务,可以为您提供文件、证件、企业对账票据、经营资料、卡类等小件物品的同城配送服务。这种业务传递时限快,一般在4~24小时内送达;而且查询也简单,可通过互联网进行跟踪查询;可实现收件人付费;提供代收货款及回单服务。特别值得一提的是,我们的价格是全市最低的。"

物流客户:"这种业务听起来不错,但我不知道你说的是真的还是假的?"

情境四

客户服务人员丁:"我公司最新推出市内快递业务,可以为您提供文件、证件、企业对账票据、经营资料、卡类等小件物品的同城配送服务。这种业务传递时限快,一般在4~24小时内送达;而且查询也简单,可通过互联网进行跟踪查询;可实现收件人付费;提供代收货款及回单服务。特别值得一提的是,我们的价格是全市最低的,现在公司正在开展免费体验活动,您看是否有兴趣体验一下?"

物流客户:"这种业务听起来不错,那我就试试?"

讨论

此案例给你什么启示?

请分析以上4位物流客户服务人员与客户沟通时有哪些技巧?

项目六

物流客户质量管理

项目目标

❖ 熟悉物流客户服务质量的定义、相关标准；

❖ 熟悉物流客户服务质量体系；

❖ 了解影响物流客户服务质量相关因素分析；

❖ 熟悉物流客户服务绩效评价的含义及基本要素；

❖ 掌握物流客户服务绩效评价的方法。

任务一 物流客户服务质量标准

📖 任务情境

某快递公司比较重视服务水平的提高，近年来为客户提供了以下若干增值服务。

（1）提供整合式维修运送服务，送回已经维修的计算机或电子产品。

（2）作为客户的零件或备料基地，扮演零售商的角色，如接受订单、客户服务处理等。

（3）协助客户合并分销业务、协调数个地点之间的产品组件运送过程。

（4）过去一些必须由客户自己完成的作业，现在快递公司可以代劳。

请思考：该快递公司的客户服务质量体现在哪些方面？

🎯 任务要求

请通过学习任务一，完成以下任务。

（1）将班级分成若干小组，以小组为单位，结合网络信息资源，针对该任务情境，思考相关问题。

（2）熟悉物流客户服务质量管理。

（3）熟悉物流客户服务质量体系。

（4）各小组进行角色扮演，并进行小组自评、小组互评、教师点评。

☢ 知识准备

一、物流客户服务质量管理

质量是企业生存和发展的根本。对物流企业来说，构筑完善的物流服务质量管理体系来保证和控制物流服务全过程的高质量，提供让物流客户满意的服务是取得竞争优势的保障。物流企业发现问题、找出差距和提高物流服务效率对物流企业的生存有着重要的意义。

（一）物流客户服务质量管理的含义

物流客户服务质量管理是指向物流客户提供满足物流客户要求的物流服务质量的方法与手段体系。

> 盖尔定义道："价值就是质量，但是定义质量的却是顾客，并且由他们来判断价格是否合适。"

（二）物流客户服务质量标准

1.物流客户服务质量标准的内容

（1）产品质量。

（2）物流服务质量。

（3）物流工作质量。

2.物流客户服务质量标准的指标

（1）可得性：缺货频率、供应比率、订货完成率。

（2）作业绩效：速度、一致性、灵活性、故障率与恢复率。

（3）可靠性：衡量变量、衡量基础。

3.物流客户服务质量标准的形成

（1）设计来源：服务的规范。

（2）设计目标：提供给物流客户什么样的服务。

（3）关系来源：服务人员与物流客户。

二、物流客户服务质量体系

质量体系是实施质量管理的组织结构、程序、过程和资源。对一个企业或组织来说，质量体系是客观存在的。质量体系包含的内容应当满足质量目标的需要。考虑到企业在技术能力、管理能力上存在差异，产品的种类、结构、特性和使用的环境条件不同，企业可以根据需要对质量体系的要求进行选择和补充，以利于质量适应市场变化，保证产品的质量，满足用户、消费者对产品质量的需求。

物流客户服务质量体系是实施物流客户服务质量管理所需的组织结构、程序、过程和资源。其作用是为了达到和保持物流客户服务质量的目标，使企业内部保证物流客户服务质量达到要求，使物流客户相信物流客户服务质量符合要求。

（一）物流客户服务质量体系的管理程序

物流客户服务质量体系的标准是基于服务优势与服务成本的一种平衡，是衡量物流客户满意度的准绳，并依据 ISO 9000 标准。

对一个物流企业而言，基本的物流客户服务质量管理程序如图 6-1 所示。

（二）物流客户服务质量体系的构成要素

物流客户服务质量体系的构成要素包括以下几个。

```
┌─────────────────────────────┐
│      构建物流客户服务质量体系      │
└─────────────────────────────┘
              ↓
┌─────────────────────────────┐
│  对物流客户服务的市场研发进行质量管理  │
└─────────────────────────────┘
              ↓
┌─────────────────────────────┐
│    对物流客户服务设计进行质量管理    │
└─────────────────────────────┘
              ↓
┌─────────────────────────────┐
│    对物流客户服务过程进行质量管理    │
└─────────────────────────────┘
              ↓
┌─────────────────────────────┐
│     物流客户服务质量的改善与提高     │
└─────────────────────────────┘
```

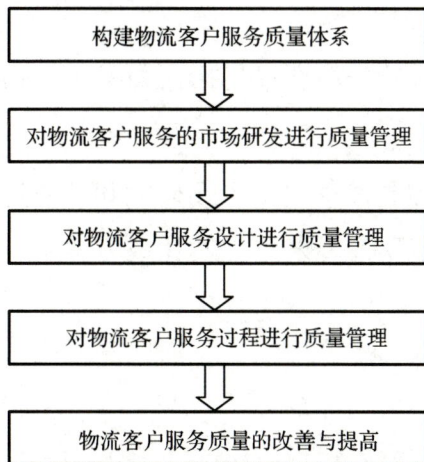

图 6-1　基本的物流客户服务质量管理程序

1. 物流客户服务质量管理体系结构

物流质量客户服务管理体系结构是进行物流客户服务质量管理的基本框架，是一种客观存在的事物，是实施物流客户服务质量管理的基础，同时又是物流客户服务质量管理的技术和手段。构建物流客户服务质量管理体系的最终目的是服从于服务企业的质量方针和目标。

2. 物流客户服务质量体系组织结构

物流客户服务质量体系组织结构就是实施物流客户服务质量管理所需的组织结构、过程、程序文件，是组织行使质量管理职能的一个组织管理框架，是将组织的质量方针、目标层层展开成多级的职能，再转化分解到各级、各类人员的质量职责和权限，明确其相互关系（见图 6-2）。

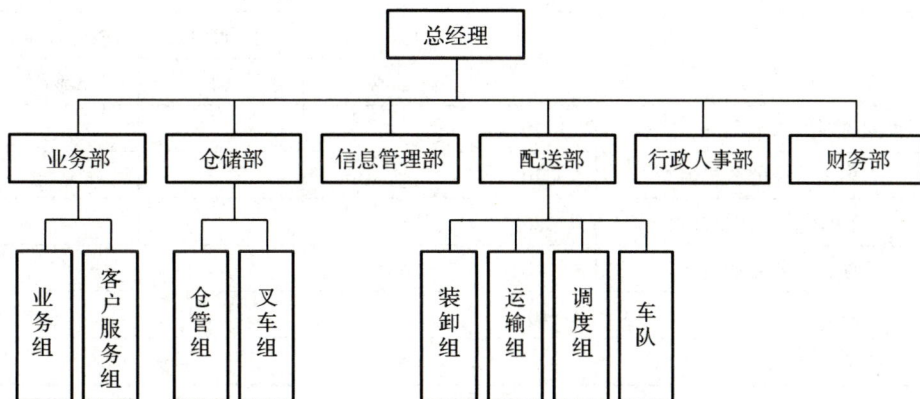

```
                          ┌──────┐
                          │ 总经理 │
                          └──┬───┘
     ┌──────┬──────┬────────┼────────┬──────────┬──────┐
  ┌──┴──┐┌──┴──┐┌──┴────┐┌──┴──┐  ┌───┴────┐┌──┴──┐
  │业务部││仓储部││信息管理部││配送部│  │行政人事部││财务部│
  └──┬──┘└──┬──┘└───────┘└──┬──┘  └────────┘└─────┘
   ┌─┴─┐   ┌─┴─┐       ┌──┬─┴─┬──┐
 ┌─┴┐┌┴─┐┌┴┐┌┴┐     ┌┴┐┌┴┐┌┴┐┌┴┐
 │业││客││仓││叉│     │装││运││调││车│
 │务││户││管││车│     │卸││输││度││队│
 │组││服││组││组│     │组││组││组│  │
 │  ││务││  ││  │     │  ││  ││  │  │
 │  ││组││  ││  │     │  ││  ││  │  │
 └──┘└──┘└─┘└─┘     └─┘└─┘└─┘└─┘
```

图 6-2　某物流公司物流客户服务质量体系组织结构

3. 程序文件

对于物流客户服务质量体系，所有程序最终必须形成程序文件，使之有章可循、有法可依。程序文件是物流服务质量体系可操作的具体体现，是物流客户服务质量体系得以有效运行的可靠保证。程序文件没有固定的格式。形成文件的程序应根据服务企业的规范、活动的具体性质、服务质量体系的结构而采用不同的形式。

4. 资源要素

构成物流客户服务质量体系的资源要素包括人力资源、物资资源、信息资源。

5. 控制过程

物流客户服务质量体系的控制过程包括市场研究和开发过程（确定物流客户对服务的需求和需要）、服务设计过程（将研究开发结果转化成方案）、服务提供传送过程（物流客户参与的主要过程）。

任务实施

步骤一：小组分工，解读任务。

教师导入"任务情境"；进行班级学生分组，以4～6人为一组，每组选出组长；全体学生解读"任务要求"，了解物流企业在客户服务过程中的质量管理是如何控制和执行的。

步骤二：小组合作，讨论、完成任务。

小组成员形成一个团队，分配任务。

步骤三：以角色扮演的形式，共同交流分享。

各小组轮流展示讨论成果，其他小组进行观摩学习、提出建议。

步骤四：总结评价，记录提升。

各小组先对展示成果进行自评，然后小组互评，最后教师点评，每人完成"物流客户服务质量评价表"（见表6-1）。

表6-1　物流客户服务质量评价表

被考评人						
考评内容		任务一　物流客户服务质量标准				
考评标准	内容	分值	自我评价 20%	小组评价 30%	教师评价 50%	综合评价
	查阅资料的内容正确、完整	20				
	参与讨论的积极性	20				
	有团队合作精神	20				
	项目任务完成情况	40				
	总分	100				
	技能星级					

注：技能星级标准如下。
★：在教师的指导下，能部分完成某项实训作业或项目。
★★：在教师的指导下，能全部完成某项实训作业或项目。
★★★：能独立地完成某项实训作业或项目。
★★★★：能独立较好地完成某项实训作业或项目。
★★★★★：能独立并带动本组成员较好地完成某项实训作业或项目。

知识巩固

一、填空题

1. 物流客户服务质量管理是指向客户提供满足客户要求的＿＿＿＿＿的方法和手段体系。

2.物流客户服务质量标准的内容包括_____、_____、_____。

3.物流客户服务质量标准的指标包括_____、_____、_____。

4.物流客户服务质量管理体系结构是进行物流客户服务质量管理的_____。

5.物流客户服务质量体系的构成要素包括_____、_____、_____、_____和_____。

6.构成物流客户服务质量管理体系的资源要素包括_____、_____、_____。

二、判断题

1.客户服务成功实施与否，与企业能否抓住客户服务的关键点没有关系。　　（　　）

2.高质量的物流客户服务可以有效地提升物流客户价值、增加物流客户的满意程度，是巩固原有物流客户和开发新物流客户的基础。　　（　　）

3.物流客户服务质量标准中的作业绩效包括速度、一致性、灵活性、故障与恢复、供应比率及订货完成率。　　（　　）

4.物流客户服务质量标准是为实施物流客户服务质量管理所需的组织结构、程序、过程和资源。　　（　　）

5.构建物流客户服务质量管理体系的最终目的是服从于服务企业的质量方针和目标。　　（　　）

三、简答题

1.什么是物流客户服务质量管理？

2.简述物流客户服务质量标准的内容及原则。

3.简述物流客户服务质量管理程序。

拓展提升

标致雪铁龙公司如何重视售后物流服务

法国的标致雪铁龙公司十分重视售后物流服务的重要性。该公司开展的一份调查研究表明，在100个接受调查的顾客对购买的轿车不满意而对其提供的零部件售后服务满意的情况下，大约仍然会有45个人保持对该轿车品牌的忠诚度。这充分说明了售后服务的重要性。换句话说，售后零部件服务对顾客产生的影响要比整车销售服务对顾客产生的影响大得多。同样，维修人员也高度评价高质量售后服务的重要性。

标致雪铁龙公司每年大约生产200万辆轿车，其中有60%用于出口。每年20亿美元的销售收入中约有10%是来自零部件销售的。随着整车销售市场的竞争日益加剧，而且越来越多的参与者挤入售后服务领域，标致雪铁龙公司更得依赖售后服务体系效率的提高来确保其市场份额。标致雪铁龙公司在法国的经销商当天下午4点以前发出的零部件订单，在次日上午9点之前基本上都可以得到满足。标致雪铁龙公司的零部件订单满足率维持在96.1%的水平，对于紧急订单而言，该水平可以达到97.6%。标致雪铁龙公司通过了ISO 9002标准认证，

加强了其质量控制水平，与往年的水平相比，其订单出错率减少了 50%，平均送货时间与以前相比减少了将近一半，有 95% 的订单是在 5 天以内完成的。

通过对物流水平和质量的不断改进与提高，一定程度上，标致雪铁龙公司得以弥补或缓和客户服务水平上升（成本上涨）带来的利润减少。标致雪铁龙公司在全球范围内只在法国设有两个零部件物流中心仓库。其中，位于 Vesoul 的仓库用于存储标志、雪铁龙两个系列车型的零部件，面向法国、包括欧洲的海外市场；位于 Melon 的仓库只存储雪铁龙系列车型的零部件，面向法国，不包括欧洲的海外市场。与这两个物流中心库相匹配的是遍布全球的 24 个物流分中心，其中有一半是直接受控于标致雪铁龙公司设于当地的子公司或分支机构。标志雪铁龙公司希望能够将维修的复杂性、订单的优先级别和配送频率这 3 个要素综合进行考虑，不断改进以进一步提升其售后物流网络的效率。实际上，上述 3 个要素共同决定了售后物流配送的路径规划水平。在此基础上，标志雪铁龙公司采用了一套称为"2—3—4"的内部管理系统。其中，2 表示订单分为常规类和紧急类两种；3 表示将运输时间在几小时到 5 天内划分 3 个等级；4 表示将配送频率在 2 次 / 天到 1 次 / 周间划分 4 个水平。经过近 4 年的运作，标志雪铁龙公司将其售后物流运作成本削减了 15%，同时将存储于仓库中的零部件价值量减少了 20%。

> 讨论
>
> 标致雪铁龙公司是如何建立高质量物流服务体系的？

任务二　影响物流服务质量的相关因素分析

📖 任务情境

王先生于 5 月 31 日，从江苏省南通市发往湖南省娄底市新化县一批货物，并选择使用德邦公司代收货款服务。结果，当货物 6 月 3 日到达目的地时，德邦公司将货物交付对方（某酒店），而对方不给货款。德邦公司以没有能力抢回货物为由，拖沓至今。其间，当王先生联系德邦公司营业部时，德邦公司营业部声称警察以经济纠纷为由对这件事不予立案。然后，王先生给娄底市级、新化县级公安局包括辖区派出所打了电话，而他们都表示可以对这件事予以立案，并需要德邦公司派人说明情况来协助。但是，德邦公司就是拖拉。目前，由于德邦公司的问题，王先生的货物被抢，而该酒店、德邦公司都从这件事中直接获取了收益。

任务要求

请通过学习任务二，完成以下任务。

（1）将班级分成若干小组，以小组为单位，结合网络信息资源，针对该任务情境，思考德邦公司在此事件中有哪些地方做得不妥。

（2）认识影响物流服务的质量因素。

（3）分析在作业流程中各功能模块对物流服务质量的影响。

（4）各小组进行角色扮演，并进行小组自评、小组互评、教师点评。

知识准备

一、影响物流服务的质量因素分析

对企业来说，如果客户对企业的服务或产品质量感到满意的话，就有可能重复其购买行为，从而提高企业的赢利水平。同时，产生了满意度的客户还能够将他们好的感受通过口碑的形式传播给其他人，从而扩大企业的知名度和美誉度，相反，若是客户感受到的是不满意，同样会使企业陷入困境。因此，物流服务的质量就显得尤为重要。

影响质量的因素称为质量因素。五大质量因素如下。

（1）人：人的思想素质、责任心、质量观、业务能力、技术水平等均直接影响质量。

（2）机械：所采用的机械设备应在生产上适用、性能可靠、使用安全、操作和维修方便。合理使用机械设备，正确地进行操作，是保证质量的重要环节。

（3）材料：材料、零部件、构配件的质量要符合有关标准和设计的要求，要加强检查、验收，严把质量关。

（4）方法：工艺流程、技术方案、检测手段、操作方法均应符合标准、规范、规程要求，并有利于质量控制。

（5）环境：影响项目质量的环境因素很多，有技术环境、劳动环境和自然环境等。除此以外，测量、计算机软件、辅助材料、水、电等公用设施也会对质量产生影响。

> 五大质量因素4M1E，即人（Man）、机械（Machine）、材料（Material）、方法（Method）、环境（Environment）。

二、对物流客户服务质量的影响分析

物流客户服务是物流系统的产出，只有当物流企业在所有环节要素方面都做得很好时，

才能产生物流客户满意的结果。因此，物流客户服务贯穿于整个物流系统的所有活动。无论是存储、装卸、搬运，还是包装、流通加工甚至配送，都是通过物流服务来实现流通商品的增值。只有将物流看成一个集成的系统，通过系统地调整物流客户服务的各种要素，才能实现物流企业有效的质量管理。

一般来说，物流企业业务流程包括订单处理、仓储管理、运输管理、配送效率、信息管理等，主要作业是订单处理、采购、仓储、运输、配送等。

（一）订单处理环节对物流客户服务质量的影响分析

订单处理是物流客户与物流企业组织接口的关键领域，会对物流客户对服务的感知和由此产生的满意度产生很大的影响。如何快速准确、有效地取得订货资料，如何追踪、掌握订单的进度以提升物流客户服务水准，以及如何支持、配合相关作业等都是订单处理应面对的问题。

（二）仓储管理对物流客户服务质量的影响分析

仓储是用来在物流过程的所有阶段存储库存的。为了满足顾客对商品快捷、廉价的需求，物流企业管理人员注重对仓储过程中的劳动生产率及成本进行考察。通过设计仓库，以达到加快订单处理、降低成本、为物流客户提供更好的服务的目标。随着物流企业将物流客户服务当作一个动态的、有附加价值的竞争工具，仓储对保障物流客户服务质量变得越来越重要。

（三）运输管理对物流客户服务质量的影响分析

运输成本在现代物流总成本中占的比重很大，所以运输成本的高低直接关系到物流成本的大小，并影响到物流企业的价格及经济效益。

（四）配送质量对物流客户服务质量的影响分析

配送运用规模经济优势，通过集中仓储与配送，提高作业效率和车辆的利用率，统筹利用资源和人员，缩短配送线路，从而使单位存货、配送和管理的总成本下降，以实现物流企业组织的低库存或零库存的设想，并提高社会物流经济效益。如果配送能针对市场要求快速反应和处理订货及出货，就能提高物流服务水准及货物供应的保证程度。

（五）信息管理对物流客户服务质量的影响分析

信息是整个物流过程物流企业与物流客户之间极其重要的联系。准确、及时的信息沟通是保障物流客户服务质量的基础。信息系统自动化有助于物流系统的集成，最终实现最低的物流总成本。物流企业利用信息来达到主动控制物流作业的目的，以便在快速响应等方面对物流客户的需求做出更快的反应。物流企业的物流系统设计越有效，对信息的准确性要求就越高。信息流反映了一个物流系统的动态形态。订单处理过程中出现的不正确的信息和信息延误都会影响物流客户服务质量水平。因此，物流信息的质量和及时性是

物流运作的关键因素。

三、人的因素对物流客户服务质量的影响分析

在质量管理中，人是决定性的因素，这一点已为越来越多的人所认识，而对于物流企业也是一样的。因此，人们应当把重视人的因素作为搞好质量管理的基本出发点。另外，我们从影响物流客户服务质量的五大质量因素（4M1E）的相互关系分析来看，应该以人为中心（见图6-3）。

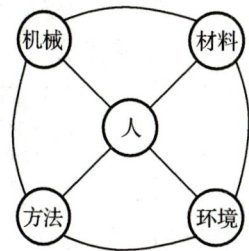

图6-3 五大质量因素

四、利用基础质量管理工具对质量管理体系实施问题研究分析

在利用基础质量管理工具对质量管理体系实施问题进行研究分析时，我们主要采用因果分析图和排列图。

因果分析图又称石川图、数枝图、鱼刺图等，是以结果为特征，以原因为因素，以箭头联系起来的表示因果关系的图形（见图6-4）。以德邦公司为例，从图6-4中可以清楚地看到，物流企业质量管理体系认证不畅的多方原因包括行业自身问题、认证动机问题、管理体系问题、成本问题及认识问题等。

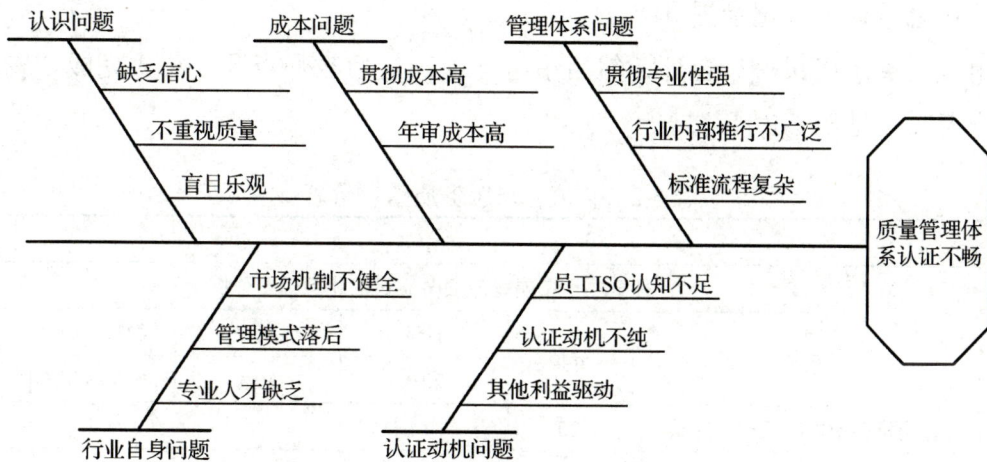

图6-4 德邦公司质量管理体系认证不畅的因果分析图

排列图又称柏拉图，即质量改进项目按重要程度进行排列而采用的一种简单的图形。以德邦公司为例，在连续100个客户投诉中，进行分类整理，做出排列图（见图6-5）。从图6-5中可以看到，德邦公司客户投诉原因主要是送货延迟和服务态度恶劣，所以要想提高物流客户满意度，首先要在这两点着手进行改善。

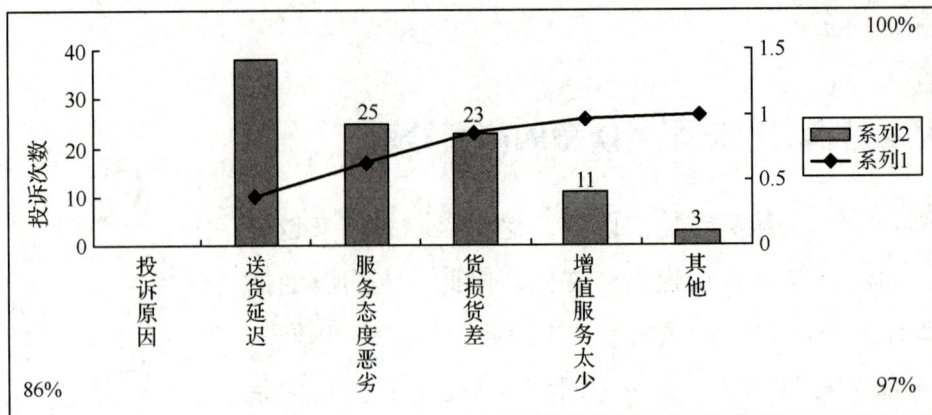

图 6-5　客户投诉原因排列图

任务实施

步骤一：小组分工，解读任务。

教师导入"任务情境"；进行班级学生分组，以 4～6 人为一组，每组选出组长；全体学生解读"任务要求"，了解影响物流服务质量的相关因素。

步骤二：小组合作，讨论、完成任务。

小组成员形成一个团队，分配任务。

步骤三：以角色扮演的形式，共同交流分享。

各小组轮流展示讨论成果，其他小组进行观摩学习、提出建议。

步骤四：总结评价，记录提升。

各小组先对展示成果进行自评，然后小组互评，最后教师点评，每人完成"物流客户服务质量评价表"（见表 6-2）。

表 6-2　物流客户服务质量评价表

被考评人						
考评内容	任务二　影响物流服务质量的相关因素分析					
考评标准	内容	分值	自我评价 20%	小组评价 30%	教师评价 50%	综合评价
	查阅资料的内容正确、完整	20				
	参与讨论的积极性	20				
	有团队合作精神	20				
	项目任务完成情况	40				
	总分	100				
	技能星级					

注：技能星级标准如下。

★：在教师的指导下，能部分完成某项实训作业或项目。

★★：在教师的指导下，能全部完成某项实训作业或项目。

★★★：能独立地完成某项实训作业或项目。

★★★★：能独立较好地完成某项实训作业或项目。

★★★★★：能独立并带动本组成员较好地完成某项实训作业或项目。

知识巩固

一、填空题

1.影响物流客户服务质量的五大质量因素是_____、_____、_____、_____、_____。

2.排列图又称_____，即质量改进项目按照_____进行排列而采用的一种简单的图形。

3.利用基础质量管理工具对质量管理体系实施问题进行研究分析时，我们主要采用_____、_____。

4._____是整个物流过程物流企业与物流客户之间极其重要的联系。

二、判断题

1.排列图又称石川图、数枝图、鱼刺图。 （ ）

2.物流信息的质量和及时性是物流运作的关键因素。 （ ）

3.物流企业业务流程包括订单处理、仓储管理、运输管理、配送效率、信息管理等。

（ ）

4.用基础质量管理工具对质量管理体系实施问题进行研究分析一般只采用对比法。

（ ）

三、简答题

1.影响物流服务的质量因素分析有哪些？

2.对物流服务质量的影响分析有哪些？

拓展提升

影响物流服务质量的相关因素分析

赵先生称3月5日通过某快递公司快递3瓶红酒给家人，当时快递公司承诺当天可以送货上门。3月6日，赵先生咨询该快递公司时被告知其中有一瓶红酒被打碎，但快递公司只负责赔偿20元。赵先生觉得这样不合理，打电话给快递公司的客服部进行投诉，要求赔偿被打碎的红酒和延误送达费用共200元。客服部的小李接到了这个电话。

讨论

1.假如你是小李，应该如何回复这个电话？

2.你觉得这个投诉和物流过程中哪些方面有相关联系？

3.影响物流服务质量有哪些因素？

任务三　物流客户服务的绩效评价

任务情境

　　某鲜花拍卖市场为保证拍卖的速度与鲜花的质量、货品精确率、货品完好程度、货品质量和时间性，要求在拍卖市场交易的客户必须登记注册，以便使用信息系统提供服务。客户在拍卖过程中只要一按按钮，配好的花束就会被装进纸箱或塑料箱运到拍卖发货中心，装入有冷藏设备的集装箱。发货中心设有海关和检疫站，因此所有货物在拍卖当天或第二天就可以通过陆运或空运出现在欧洲或北美市场上。为确保质量和信誉，未卖出去的鲜花和植物在拍卖当天晚上会被全部销毁，绝不过夜。

　　请思考：该鲜花拍卖市场是如何保证鲜花质量的？

任务要求

　　请通过学习任务三，完成以下任务。

　　（1）将班级分成若干小组，以小组为单位，结合网络信息资源，针对该任务情境，思考相关问题。

　　（2）掌握物流客户服务的绩效评价及方法。

　　（3）分析物流客户服务的绩效评价与激励机制给鲜花拍卖市场带来什么新的管理理念。

　　（4）各小组进行角色扮演，并进行小组自评、小组互评、教师点评。

知识准备

一、物流客户服务的绩效评价含义

　　绩效评价能够有效地监督、控制和掌握物流客户服务的全过程；判断物流客户服务目标的可行性和完成情况；分析物流客户服务资源的利用情况和发展潜力；为物流企业实施适当的激励机制提供必要的依据。

　　准确、全面、及时的绩效评价是进行物流客户服务质量管理的基础。

（一）绩效评价的含义

　　绩效评价是对业绩和效率的一种事后的评估与度量及事前的控制与指导，从而来判断是否完成了预定的任务、完成的水平、取得的效益和所付出的代价。

（二）物流客户服务绩效评价体系的基本要素

物流客户服务绩效评价体系应当具备以下一些基本要素。

1. 评价制度

物流企业应当建立科学的物流客户服务绩效评价制度，明确开展评价工作的指导原则和目的，从根本上保证这项管理工作能够多层次、多渠道、全方位、连续进行，保证评价结果的客观性和有效性。物流客户服务绩效评价制度应当明确管理人员在绩效评价工作当中的责权范围，并有相应的奖惩措施。

2. 评价主体

物流客户服务绩效评价的主体包括物流企业内部人员、物流客户、社会公众及政府部门。

3. 评价标准

进行物流客户服务绩效评价有四个常用的评价标准。

（1）历史标准。历史标准是将某个指标当前的绩效水平同物流企业的历史同期或历史最好水平进行纵向比较，从而掌握其发展轨迹和发展趋势。通过分析，找出绩效水平变化的原因，为进一步控制和改进奠定基础。

（2）计划标准。通过将物流企业所达到的绩效水平同计划目标进行比较，可以反映出计划目标的完成情况，为激励制度的实施提供依据。

（3）竞争对手标准。将竞争对手的绩效水平作为绩效指标的评价标准，可以发现物流企业的优势和劣势，了解物流企业所处的市场地位，为物流企业制定战略目标和发展规划提供依据。

（4）物流客户标准。物流客户是物流客户服务最终结果的承受者，他们对物流企业物流客户服务的满意程度和评价可以用来衡量物流客户服务的绩效水平，同时也是物流企业改进和提高物流客户服务水平的重要依据。

4. 评价指标

评价指标是对物流客户服务活动中关键控制因素的反映。物流企业设计的第一个评价指标都应当有明确的目的，具有可操作性，并且是可以被理解和接受的。评价指标应当尽可能量化，对那些无法计量的关键控制因素，可以采用定性描述的方法设立指标。

5. 评价方法

在绩效评价中常用的方法有统计法、排列法、要素比较法、价值分析法等。各种方法都有其适用范围和优缺点。物流企业应当根据指标的不同特点选用适合的评价方法。

6. 绩效分析

绩效评价的结果必须通过认真、细致、全面的分析，找出各控制因素之间的内在联系，

从而对物流企业物流客户服务的现状和发展趋势做出分析和判断。分析的结果应当形成结论性报告，为管理者进行决策提供依据。

> 上述六个基本要素构成了绩效评价体系的框架，它是开展物流客户服务绩效管理工作的基础。

（三）进行物流客户服务绩效评价的指标

高质量的物流客户服务可以有效地提升物流客户价值、增加物流客户的满意程度，是巩固原有物流客户和开发新物流客户的基础。物流客户服务活动本身所固有的特性决定了作为服务对象的物流客户总会或多或少地参与到服务过程当中，这就增大了物流客户服务绩效评价的难度。

进行物流客户服务绩效评价的指标包括物流客户满意度和交易要素评价指标。

1. 物流客户满意度

物流客户满意度是经常被提及的一项评价指标，它反映了物流企业对物流客户满意程度的重视。物流客户满意度是一个概括的指标。虽然采用问卷调查、回访、座谈等方法可以获得物流客户满意与否的相关信息，但是物流客户满意度在绩效评价中的可操作性较差，不容易把握。在物流客户服务绩效评价的过程中，应当尽量将这一指标分解为众多的分指标，同时结合物流企业的市场份额、形象与声誉、物流客户忠诚度等指标，力争从不同侧面全面、真实地反映物流客户的满意程度。

2. 交易要素评价指标

物流客户服务的组成要素可以分为交易前要素、交易中要素、交易后要素三大类。根据这些要素，可以构建出评价物流客户服务的各项指标。

交易前要素评价指标有库存可得率、目标交付时间、信息处理能力、下订单的方便性、订单的满足率等指标。交易中要素评价指标有订货周期一致性、订货处理正确率、货损率等指标。交易后要素评价指标有退换货率、投诉率、投诉处理时间等指标。

二、物流客户服务绩效评价的内容和种类

通过物流客户服务绩效评价系统，对物流作业进行监督、控制和指挥，以达到物流资源有效的、合理的配置，并向物流客户提供达到或超过协议服务水平的有效服务。

（一）物流客户服务绩效评价的内容

合理划分责任中心，明确规定权责范围；编制责任预算，明确各物流责任中心的业绩考

核标准；区分每个责任中心的可控与不可控费用；建立健全严密的记录、报告系统；制定合理而有效的奖惩制度；定期编制业绩报告。

（二）物流客户服务绩效评价的种类

（1）基本业务绩效评价，如时间指标、工作水平指标、成本指标、资源指标等。

（2）总体物流活动的绩效评价，包括物流企业内部绩效评价和物流企业外部绩效评价。

物流企业内部绩效评价是物流客户服务绩效评价的重点，是对企业运营状况、资源、赢利能力等的基础性评价。它侧重于将物流企业现有绩效水平同历史目标水平进行比较，从而为管理者决策提供依据。物流企业内部绩效评价主要围绕着物流客户服务的处理效率与质量，结合相关财务指标（如物流服务成本、物流企业资产营运的处理效率与质量等）进行。

物流企业外部绩效评价主要集中在对物流企业作业和经营水平的监控上，要对物流企业的形象、信誉及市场地位等情况做出评估。这对物流企业制定正确的发展战略、提高物流企业物流客户服务质量都是必不可少的。

物流企业外部绩效评价主要是通过搜集和分析物流客户、政府或社会公众等评价主体的反馈信息来进行的，也可以采用设定标杆，通过与先进物流企业进行对比的办法实现。

物流客户服务绩效评价对物流企业的经营和发展来说是至关重要的。物流企业必须在经营活动中不断总结经验，逐步设计出符合自身特点的物流客户服务绩效评价体系，并通过全面、真实的物流客户服务绩效评价推动物流企业发展（见表6-3）。

表6-3 物流客户服务人员绩效考核方案

方案名称	物流客户服务人员绩效考核方案	受控状态	
		编 号	

一、目的
① 规范公司及各分部客户服务部工作，明确工作范围和工作重点。
② 使总部对各分部客户服务部工作进行合理掌控并明确考核依据。
③ 鼓励先进，促进发展。

二、范围
① 适用范围：公司各分部客户服务部。
② 发布范围：公司总部、各分部客户服务部。

三、考核周期
采取月度考核为主的方法，对物流客户服务人员当月的工作表现进行考核，考核实施时间为下月的1～5日，遇节假日顺延。

四、考核内容和指标
（一）考核的内容
1. 服务类
电话回访（回访完成率、回访真实度、不满意投诉解决率）、咨询电话（专业技能、接听质量、投诉解决回复率、顾客满意度）、其他类投诉（顾客投诉解决率、顾客满意度）。
2. 管理类
总部监控报表上交及时性、报表数据真实性、报表整体质量。
（二）考核指标数据来源
① 分部上报。报表包括日报、月报、创新工作、新业务拓展、优秀事迹和好人好事等。
② ERP系统查询。总部主要通过ERP系统查询与核对。
③ 总部客户服务部进行抽访。
④ 其他渠道，包括行政管理部、总部客户服务部、总部值班电话、网上投诉等。

续表

方案名称	物流客户服务人员绩效考核方案	受控状态	
		编 号	

（三）考核指标

物流客户服务人员绩效考核表如下所示。

物流客户服务人员绩效考核表

项目	权重（%）	考核标准											得分
		比率	扣分	比率	扣分	比率	扣分	比率	扣分	比率	扣分		
专业技能、接听质量	30	抽查每次不合格扣2分，扣完为止，性质严重的另行处罚											
客户投诉解决率	20	0%	0	0～0.4%	2	0.4%～1%	4	1%～1.5%	10	1.5%以上	10		
回访完成率	10	100%	0	95%以下	1	95%～80%	2	80%～75%	3	75%以下	5		
回访真实度	10	0	0	1		2	2	3%～5	3	5条以上	5		
客户满意度	10	100%	0	95%以下	1	95%～80%	2	80%～75%	3	75%以下	5		
报表上交真实性	10	不真实的，每次扣2分，本项分值扣完为止，性质严重的另行处罚											
审计、纠错及行政通报等	10	从当月总分中扣除，每次扣罚2～10分，视问题性质由人力资源部会同物流客户服务部经理讨论决定，当月分值扣完为止											
奖励		收到顾客表扬信一次，加1分；被部门表扬一次，加2分；被公司表扬一次，加3分；被媒体表扬一次，加5分（需要分部提供文字材料）											
处罚		被部门批评一次，扣2分；被公司批评一次，扣3分；被媒体批评一次，扣5分											
总　计													

说明

① 电话抽查以总部客户服务部抽查为主，原则上每周不低于一次。

② 回访完成率：每月实际回访条数 ÷（200条 × 实际在岗人数）× 当月应出勤天数。

五、绩效考核的实施

① 考核分为自评、上级领导考核及小组考核三种，其中小组考核的成员主要由与客户服务人员工作联系较多的相关部门人员构成，三类考核主体所占的权重及考核内容如下所示。

考核者	权重	考核重点
被考核人本人	15%	工作任务完成情况
上级领导	60%	工作绩效、工作能力
小组考核	25%	工作协作性、服务性

② 客户服务人员考核实施标准如下所示。

客户服务人员考核实施标准

项目	数据来源	抽查途径	标准答案
专业技能、接听质量	电话抽查	公司抽查/其他途径	按公司规定
客户投诉解决率	公司抽查	客户投诉/公司抽查	100%解决并回复
回访完成率	公司抽查	公司抽查	按公司规定
回访真实度	公司抽查	公司抽查/客户投诉	100%回访到位
客户满意度	公司抽查	公司抽查/客户投诉	按公司规定
客户服务资料的完整性	公司抽查	公司抽查	按公司规定

方案名称	物流客户服务人员绩效考核方案	受控状态	
		编　号	

六、考核结果的运用

①对于连续3个月（季度）评比综合排名前三名，分别奖励500元、300元、200元，名次并列的同时奖励。

②对于月考核评比综合排名后三名，要求分部客户服务部经理仔细分析落后原因，针对落后原因，寻找改进措施，并在月工作通报下发后的4天内，将整改方案报总部客户服务部备案。

③总部客户服务部将视情况对分部客户服务部经理及主管进行提交改进意见书及以上的处罚。

④汇总月度考核结果，进行年终优秀分部客户服务部评比。

相关说明					
编制人员		审核人员		批准人员	
编制日期		审核日期		批准日期	

三、物流客户服务绩效评价的方法

（一）行为导向型主观评价方法

行为导向型主观评价方法就是对员工行为是否符合组织要求进行主观评价的方法。这种评价方法主要包括以下几种方法。

（1）排列法。排列法又称排序法、简单排列法，是物流客户服务绩效评价中比较简单易行的一种综合比较的方法。这种方法的优点是简单易行，花费时间少，能使考评者在预订的范围内组织评价并将下属进行排序，从而减少考评结果过宽和趋中的误差。

（2）选择排列法。选择排列法又称交替排列法，是简单排列法的进一步推广。这种方法不仅使上级可以直接完成排序工作，还可以将其扩展到自我评价、同级评价和下级评价等其他考评之中。

（3）成对比较法。成对比较法又称配对比较法。应用成对比较法，能够发现每个员工在哪些方面存在明显的不足和差距。在涉及人员范围不大、数目不多的情况下，宜采用成对比较法。

（二）行为导向型客观评价方法

行为导向型客观评价方法就是根据一定的客观评价标准对员工进行评价的方法。这种评价方法主要包括以下几种方法。

（1）关键事件法或重要事件法。关键事件法对事不对人，以事实为依据，且考评者不仅要注重对行为本身的评价，还要考虑行为的情境，可以用来向员工提供明确的信息，使他们知道自己在哪些方面做得较好或不好。

（2）行为锚定等级评价法。这种方法将同一岗位工作可能发生的各种典型行为进行评分度量，建立一个锚定评分表，以此为依据，对员工工作中的实际行为进行测评。

（3）行为观察法。这种方法适用于对基层员工工作技能和工作表现的考察。

（4）加权选择量表法。这种方法的具体形式是一系列的形容性或描述性语句，以说明员工的各种具体的工作行为和表现，并将这些语句分别记在量表中，作为考评者评定的依据。

（三）结果导向型评价方法

结果导向型评价方法就是根据员工的工作成果对员工进行绩效考评的方法。这种评价方法主要包括以下几种方法。

（1）目标管理法。目标管理法体现了现代管理的哲学思想，是领导者与下属之间双向互动的过程。

（2）绩效标准法。绩效标准法与目标管理法相近，采用更直接的工作绩效衡量指标，通常适用于非管理岗位的员工。绩效标准法所采用的衡量指标要具体、合理、明确，要有时间、空间、数量、质量的约束限制。绩效标准法比目标管理法有更多的考评标准，而且这些考核标准更加具体详细。

（3）直接指标法。直接指标法采用可监测、可核算的指标构成若干考评要素，作为对下属的工作表现进行评估的主要依据。

（4）成绩记录法。成绩记录法是新开发出的方法，比较适合用来考评人事、科研、教学的人员，如教师、工程技术人员等。

🔑 任务实施

步骤一：小组分工，解读任务。

教师导入"任务情境"；进行班级学生分组，以4～6人为一组，每组选出组长；全体学生解读"任务要求"，了解物流企业客户服务的绩效评价是如何操作的。

步骤二：小组合作，讨论、完成任务。

小组成员形成一个团队，分配任务。

步骤三：以角色扮演的形式，共同交流分享。

各小组轮流展示讨论成果，其他小组进行观摩学习、提出建议。

步骤四：总结评价，记录提升。

各小组先对展示成果进行自评，然后小组互评，最后教师点评，每人完成"物流客户服务的绩效评价表"（见表6-4）。

表 6-4 物流客户服务的绩效评价表

被考评人						
考评内容	任务三 物流客户服务的绩效评价					
考评标准	内容	分值	自我评价 20%	小组评价 30%	教师评价 50%	综合评价
	查阅资料的内容正确、完整	20				
	参与讨论的积极性	20				
	有团队合作精神	20				
	项目任务完成情况	40				
总分		100				
技能星级						

注：技能星级标准如下。

★：在教师的指导下，能部分完成某项实训作业或项目。

★★：在教师的指导下，能全部完成某项实训作业或项目。

★★★：能独立地完成某项实训作业或项目。

★★★★：能独立较好地完成某项实训作业或项目。

★★★★★：能独立并带动本组成员较好地完成某项实训作业或项目。

知识巩固

一、填空题

1._____对事不对人，以事实为依据，考评者不仅要注重对行为本身的评价，还要考虑行为的情境。

2._____这种评价方法适用于对基层员工工作技能和工作表现的考察。

3._____这种评价方法将同一职务工作可能发生的各种典型行为进行评分度量，建立一个锚定评分表，以此为依据，对员工工作中的实际行为进行测评。

4._____是进行物流客户服务质量管理的基础。

5. 进行物流客户服务绩效评价有四个常用的评价标准：_____、_____竞争对手标准和_____。

6._____是绩效评价中比较简单易行的一种综合比较的方法。

二、判断题

1. 评价指标应当尽可能量化，对那些无法计量的关键控制因素，就不应该设立指标。

（ ）

2. 进行物流客户服务绩效评价的指标有物流客户满意度和交易要素评价指标。（ ）

3. 交易中要素评价指标有退换货率、投诉率、投诉处理时间等。（ ）

4. 选择排列法又称交替排列法，是简单排列法的进一步推广。（ ）

5. 选择排列法是绩效评价中比较简单易行的一种综合比较的方法。（ ）

三、简答题

1. 简述物流客户服务绩效评价的含义及基本要素。

2. 进行物流客户服务绩效评价的指标有哪些？

3. 简述物流客户服务绩效评价的内容和方法。

4. 行为导向型主观评价方法主要包括哪几种？

5. 简述物流绩效评价种类。

拓展提升

佛山物流公司先进的一体化服务

　　佛山物流公司是佛山第一家物流企业，每年以 50% 的速度发展，目前年营业收入达 1.2 亿元，管理的资产总额达 4.5 亿元，成为佛山物流业的旗帜企业。多年来，佛山物流公司锁定食品物流这一领域来经营，为多家企事业提供了一流的物流一体化服务，积累了丰富的经验。其中，最为成功的一个案例就是为海天调味品公司提供的仓储配送业务。佛山物流公司是海天调味品公司为其提供物流一体化服务的唯一合作伙伴。海天调味品公司的产成品从生产线下来，直接通过大型拖车进入佛山物流公司仓库。佛山物流公司通过信息系统跟踪货物库存信息、出入库管理、业务过程管理、运输监控，并能自动生成各种数据报表，与海天调味品公司实行实时信息共享，满足了海天调味品公司"安全、及时、准确"的配送要求，确保产品最优流入、保管、流出仓库。通过佛山物流公司仓储配送服务，海天调味品公司可以集中发展主业，将精力集中于生产上，增强了该企业在行业中的核心竞争力。通过佛山物流公司先进的物流信息管理系统，海天调味品公司可以快速、正确、简便地下单，确保配送计划、库存计划等的顺利完成。

　　在产品逐渐趋向无差异化的情形下，佛山物流公司的最佳做法就是凸显服务的差异。物流服务对物流公司来说至关重要，这也正是佛山物流公司安身立命之所在。佛山物流公司通过了 ISO 9001 标准质量管理体系认证，这是对佛山物流公司优质服务的一种肯定。"优质的管理，优质的服务，优质的服务态度"是佛山物流公司对客户的承诺。佛山物流公司有一套很完整的管理细则和操作规范，并根据每个客户个性化的要求，制定服务方针。有时候因客户原因造成的责任，佛山物流公司也会主动去解决问题，不会推卸责任，不会找理由。佛山物流公司不但关注直接客户的服务，也关注客户的客户，这对直接客户的业务会起到很关键的作用。正因为这一点，客户都对佛山物流公司非常满意。佛山物流公司的业务量也多了起来。

讨论

1. 佛山物流公司是如何为海天调味品公司提供一体化物流服务的？

2. 佛山物流公司安身立命的法宝是什么？

参 考 文 献

[1] 顾明. 客户关系管理应用 [M]. 2 版. 北京：机械工业出版社，2015.

[2] 赖菲. 物流客户开发与服务 [M]. 上海：上海财经大学出版社，2014.

[3] 曾益坤. 物流客户服务 [M]. 北京：电子工业出版社，2011.

[4] 庄敏. 物流客户服务 [M]. 北京：科学出版社，2011.

[5] 苏虹. 物流客户服务 [M]. 北京：机械工业出版社，2017.

[6] 朱龙，高欢. 物流客户服务 [M]. 武汉：武汉大学出版社，2016.

[7] 郎德琴. 物流客户服务与管理 [M]. 北京：中国劳动社会保障出版社，2015.

[8] 续秀梅. 物流客户服务 [M]. 北京：中国物资出版社，2010.

[9] 常莉. 物流企业客户服务 [M]. 北京：中国财政经济出版社，2007.

[10] 游艳雯. 物流客户服务操作实务 [M]. 北京：化学工业出版社，2015.

[11] 周爱国，陈曦. 物流客户投诉与危机处理 [M]. 北京：中国物资出版社，2008.

[12] 田雪. 物流客户关系管理 [M]. 北京：中国财富出版社，2013.

[13] 周爱国. 物流客户关系管理实务 [M]. 北京：中国物资出版社，2010.

[14] 石小平. 物流客户服务 [M]. 北京：人民交通出版社，2012.

[15] 王淑荣. 物流客户服务 [M]. 北京：机械工业出版社，2014.

[16] 王菲. 物流客户关系管理 [M]. 北京：中国广播电视大学出版社，2012.

[17] 张京蒲. 物流客户服务 [M]. 北京：高等教育出版社，2014.

[18] 周爱国. 物流大客户管理 [M]. 北京：中国物资出版社，2008.

[19] 李满玉. 物流客户服务 [M]. 北京：高等教育出版社，2013.

[20] 周洁如. 现代客户关系管理 [M]. 上海：上海交通大学出版社，2014.

[21] 苏秦，张涑贤. 现代质量管理学 [M]. 北京：清华大学出版社，2013.